ベルンド・ケストラーの

いちばんわかりやすい ブリオッシュ編み

BRIOCHE KNITTING

日本文芸社

Contents

Chapter1

Basic knitting method
ブリオッシュ編み基本のメソッド 7

Chapter2

Brioche knitting items
ブリオッシュ編みの作品集

Chapter3

◆ 印刷物のため、現物と色が異なる場合があります。ご了承ください。

◆ 糸の表示内容は、2021年10月現在のものです。

Message

この本を制作している時間はとても楽しかったです。「ブリオッシュ」は、無限のバリエーションを可能にする魅力的な編み方です。最初は複雑で難しい編み方だと思うかもしれませんが、基本的なブリオッシュ編みは決して難しくありません。一定のルールを理解すれば、とても簡単な編み方だと気がつくはずです。私はこの本でそのことを証明し、ブリオッシュ編みの世界の扉を開きたいと思っています。

実は、私が初めてブリオッシュ編みをやったときも、「難しい……」という問題に直面しました。この本はその経験を生かして作ったので、ブリオッシュ編みをマスターするのに役立つはずです。

掲載の作品は、すべて輪針で編んでいます。基本的に初心者向けに考えた本なので、ここから始めて、段階をふみながら難しいものにもチャレンジしてほしいと考えています。少し難易度の高いオリジナルのパターンもあるので、ベテランの方にとっても新しい発見があり、十分楽しんでもらえることでしょう。

ブリオッシュ編みは2色で絵を描くようなもの。すべり目、かけ目、イギリスゴム表編み、イギリスゴム裏編みの基本の編み方さえ理解すれば、好きな色で自分だけの傑作を作ることができます。そんなブリオッシュ編みの世界は、1ページめくると始まります。

製作に協力してくれた後藤敬子さんと柳みゆきさんに感謝します。

ベルンド・ケストラー

It has been a lot of fun to make this book. Brioche is a facinating knitting technique. It allows you to make endless pattern variations. Basic brioche knitting is not difficult. It all follows the same principles.
I know, in the beginning brioche knitting might look complicated, but trust me. Once you understand the basic rules, it will become very easy.
With this book I want to open the door for you to the world of brioche knitting. When I started I was facing the same problems. This book I hope will help you to master brioche knitting. Each project is getting a little more difficult, step-by-step. All projects are knitted in the round, which I think is much easier for beginners. I included very easy project for absulute beginners. Throughout the book they become more complex, so even verteran knitters can enjoy new patterns and items.
Brioche knitting is like painting with 2 colors. Once you understand the basic concept of yarn-over, brioche knit and brioche pearl, you have the freedom to create your own masterpiece. The world of brioche knitting is just another page away.
I like to thanks Keiko Goto and Miyuki Yanagi for their kind help.

本書で使用する道具

1. 輪針

輪状に編める針。常に表側を見ながら編めるので、迷わず楽に編めるのが特徴。本書では主に長さ40cm、60cmのものを使用しています。
※作品の周囲よりも短いものを使いましょう。

2. とじ針

糸の始末や最後に止める際に使用。さまざまなサイズがあるので、糸の太さによって選ぶのがおすすめ。

3. 短5本針

作り目が少ない帽子などに使用。1本15〜16cm程度のものを。

4. 目数リング

段の境目などにリングをつけておくとズレなどを防げます。

5. 段数マーカー

段数を示したいときに使用。目数リングとしても使えます。

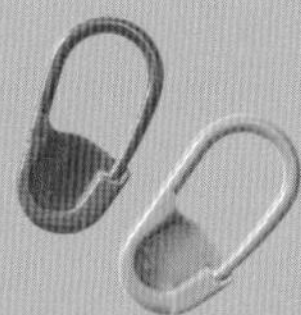

Basic knitting method

ブリオッシュ編み
基本のメソッド

ブリオッシュ編みは難しい？
もちろん複雑な模様は難易度が上がりますが、
基本のブリオッシュ編みは、実は簡単。
ケストラー式の輪針を使った基本の編み方は
STEP1からSTEP5まで。1歩ずつ始めて、
まずは基本をマスターしましょう。

ケストラー式ブリオッシュ編み5つのポイント

1 輪針で編む

本書の作品はすべて、**輪針**を使用。輪針の場合、**常に表側**を見ながら編むので、迷わずスイスイ編めます。

2 A糸とB糸は常に同じ編み方

A糸(奇数段)は、**イギリスゴム表編み→かけ目すべり目**のくり返し。
B糸(偶数段)は**かけ目すべり目→イギリスゴム裏編み**をくり返すだけ。

3 増し目、減らし目は常にA糸で行う

A糸=表目だから、**表目での減らし方、増し方だけ**を覚えればOK。

4 編み方どおりの編み図(編み記号)

2段や3段にまたがる引き上げ編み記号ではないので、1段ずつ**編み図のとおり**に編めばOK。

5 編み地はリバーシブル仕様

2色で編んだ場合、表面はA糸が目立ち、裏面はB糸が目立つ**リバーシブル仕様**になります。ブリオッシュ編みならではの特徴です。

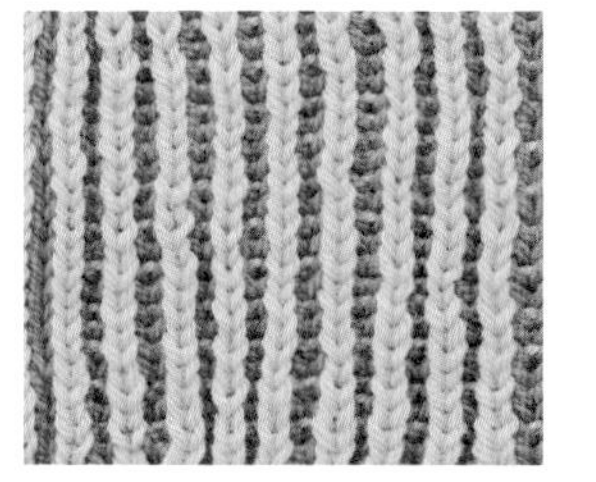

A糸面

B糸面

基本の編み図の見方

糸2色を使った、増し目も減らし目もないベーシックなブリオッシュ編みの編み方です。
※詳しい編み方はP.10〜参照。

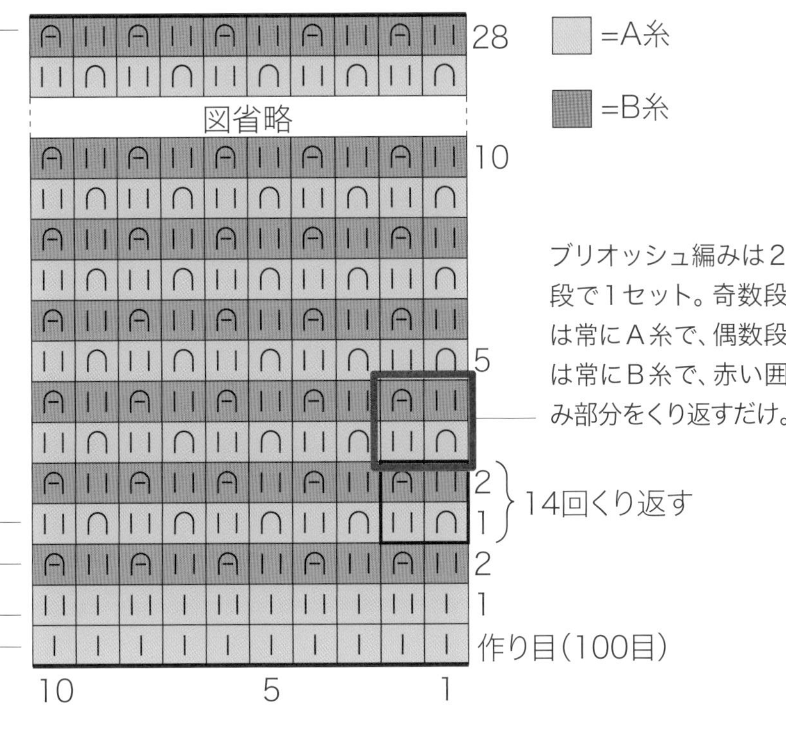

最終段を編んだら、A糸で1目ゴム編み止めにします。

3段目は、A糸でイギリスゴム表編み、かけ目すべり目をくり返し編みます。

2段目は、B糸でかけ目すべり目、イギリスゴム裏編みをくり返し編みます。

1段目は、A糸で表編み、かけ目すべり目をくり返し編みます。

作り目は、必要な目数分をA糸で作ります。この図の場合100目なので、10目を10回くり返します。

ブリオッシュ編みは2段で1セット。奇数段は常にA糸で、偶数段は常にB糸で、赤い囲み部分をくり返すだけ。

段数は作り目とA糸を奇数、B糸を偶数で表示。また編み方が変わるごとに数字をリセットしています。

| 表目 | かけ目 すべり目 | イギリスゴム裏編み | イギリスゴム表編み |

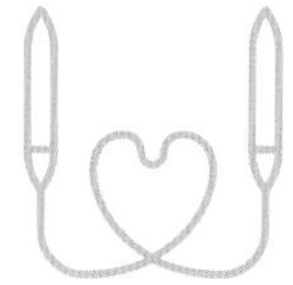

STEP 1

作り目

基本の作り目（表目）と、裏目を交互にくり返す、
伸縮性のある作り目を紹介します。
難しいな……と思う場合は、
下記の、基本の作り目でも大丈夫です。

01 わを作り、針２本に通して引き締める。

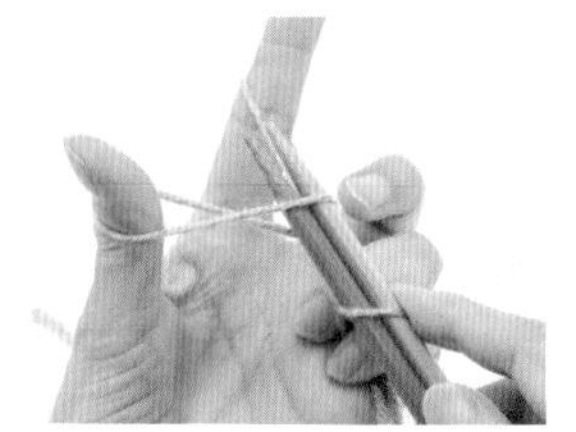

02 親指にかけた糸に、針を手前下からすくってかける。

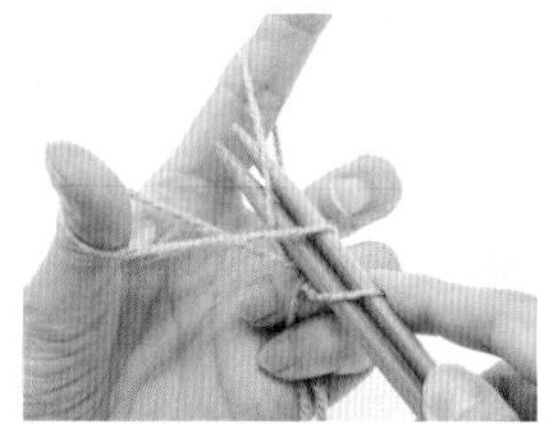

03 そのまま針を、人差し指の糸の間に上から入れる。

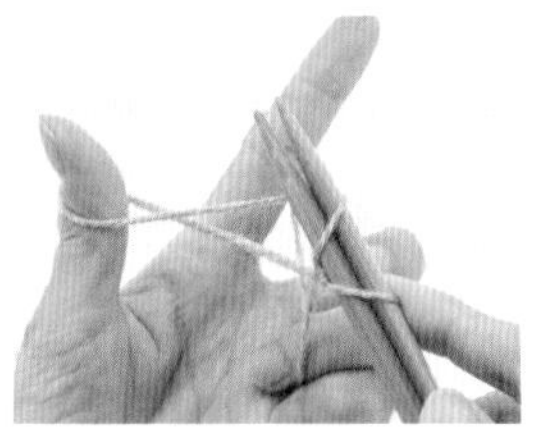

04 糸をかけたまま、親指の糸の間に針を通す。

05 親指の糸を外し、糸を引き締めると２目めが完成。**02～05**をくり返す。

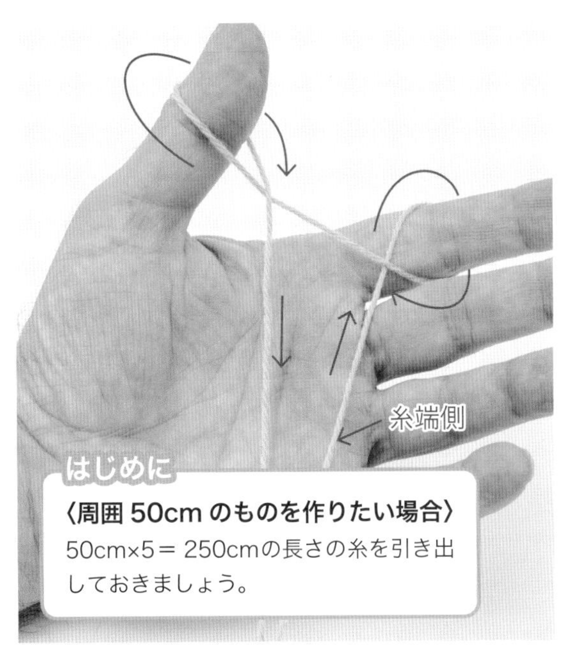

糸端側
はじめに
〈周囲 50cm のものを作りたい場合〉
50cm×5＝ 250cmの長さの糸を引き出しておきましょう。

01 糸を引き出した位置(250cmのところ)で、糸端の方を持ち、矢印の向きに人差し指、親指の順にかけます。

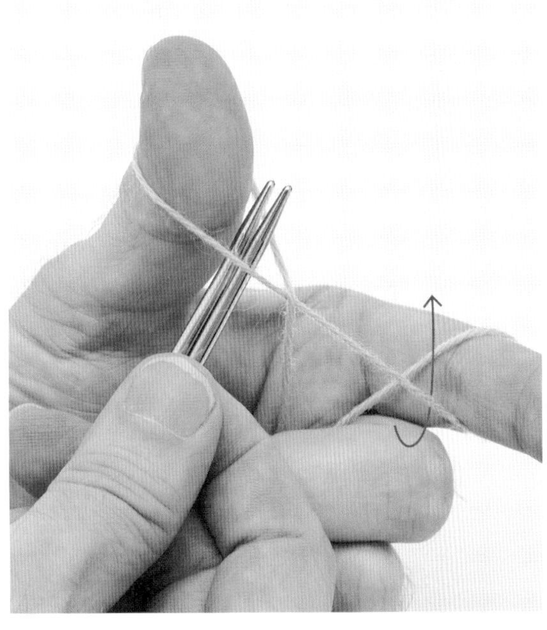

02 針を２本揃えて持ち、親指の手前の糸をすくいます。次に人差し指の糸を矢印のようにすくいます。

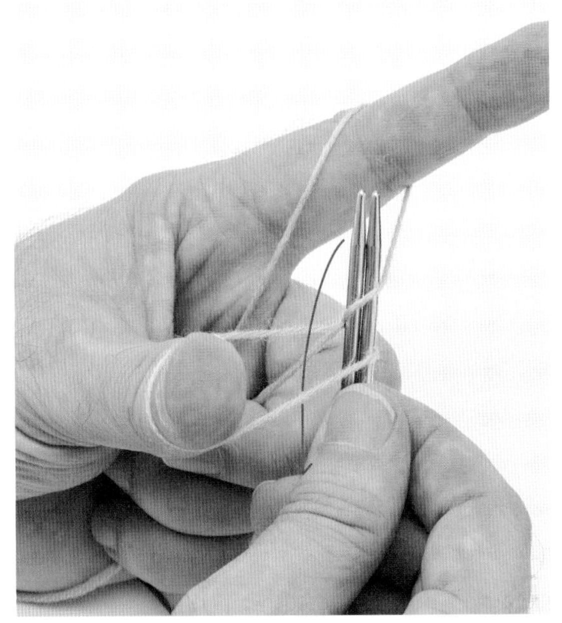

03 そのまま親指のわにくぐらせます。

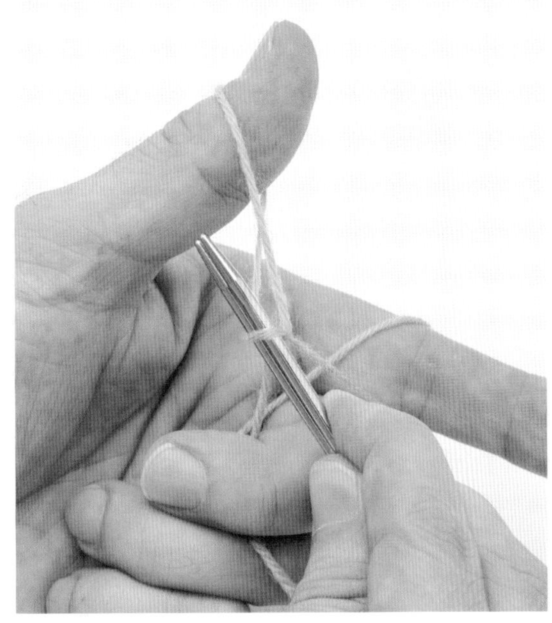

04 親指にかかっている糸を外したら1目め(表目)ができます。

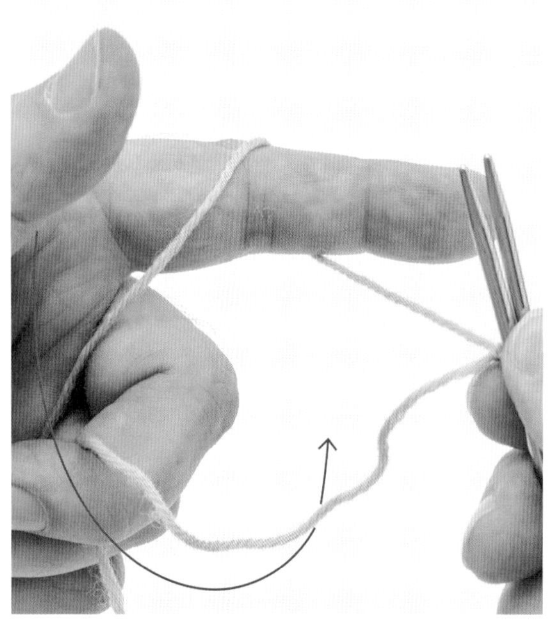

05 矢印の向きに、糸の下側から親指を入れます。

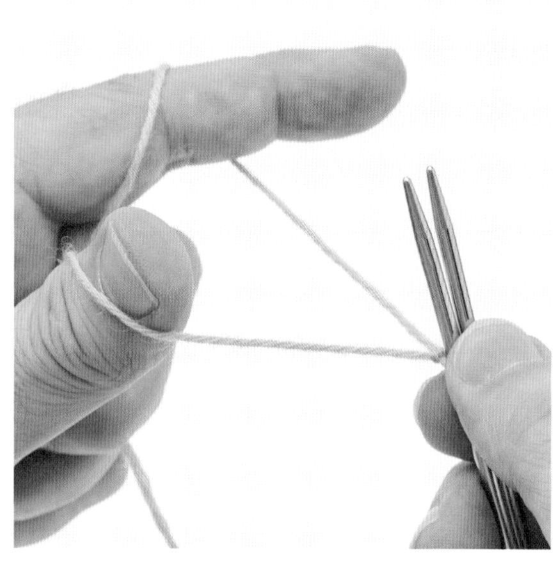

06 糸を引き締めます。

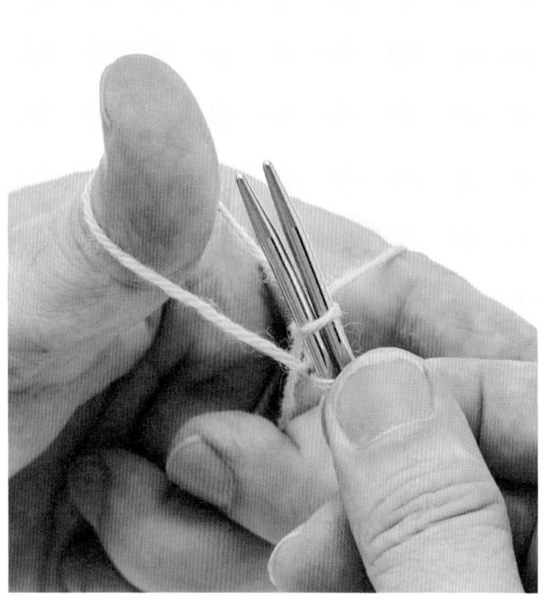

09 親指にかかっている糸を外し、糸を引き締めます。

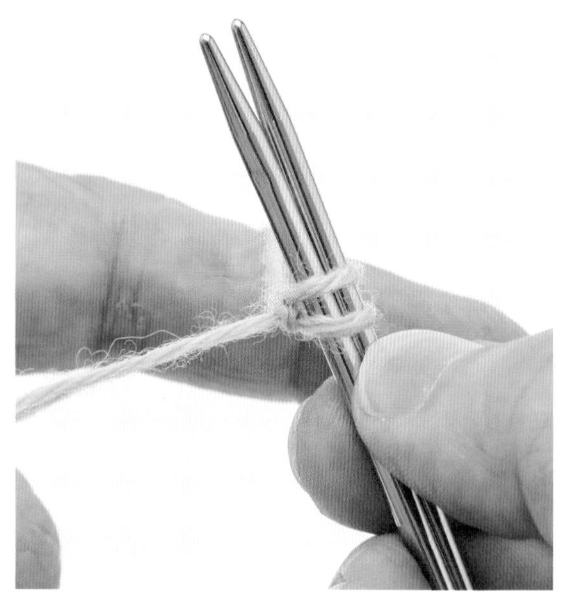

10 2目め(裏目)の作り目ができました。

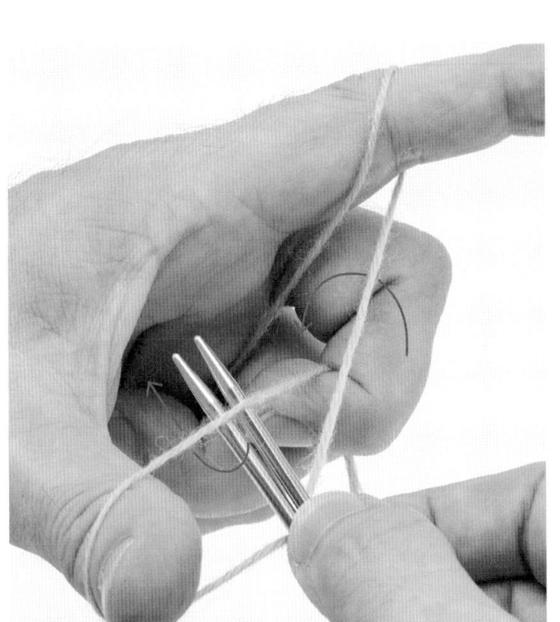

07 親指の向こう側の糸をすくい、人差し指の手前側の糸をすくいます。

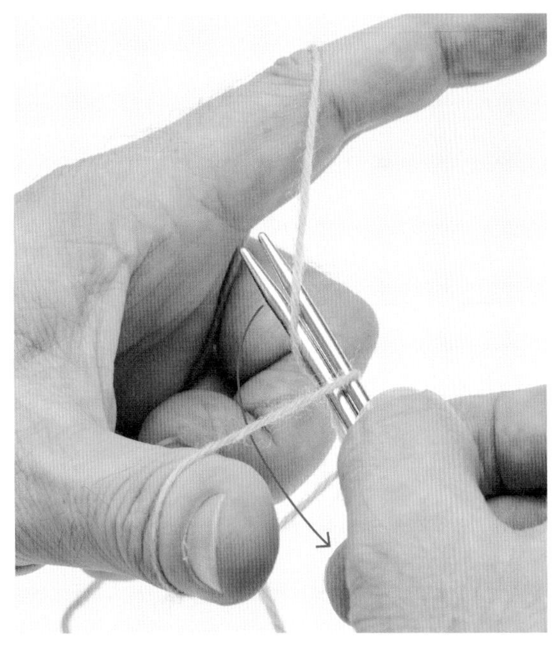

08 親指のわにくぐらせます。

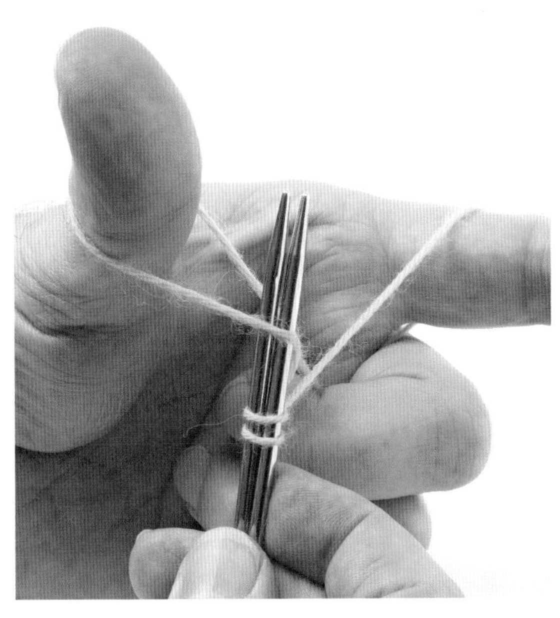

11 3目めは糸の上側から親指を入れ、親指の手前側の糸をすくう、基本の作り目（表目 P.10参照）を作ります。

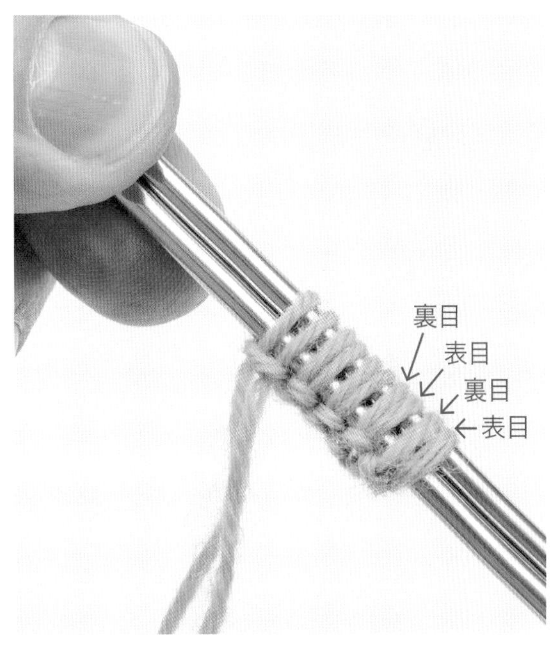

12 奇数目は表目、偶数目は裏目をくり返し、必要な目数を作ります。

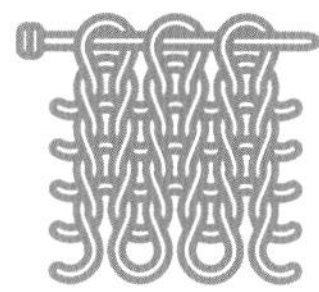

STEP2

1～3段目
（ブリオッシュ編み）

ブリオッシュ編みは２段でワンセット。
２色の糸を使う場合、奇数段はＡ糸で、
偶数段はＢ糸で編みます。

基本の編み記号

｜ 表目

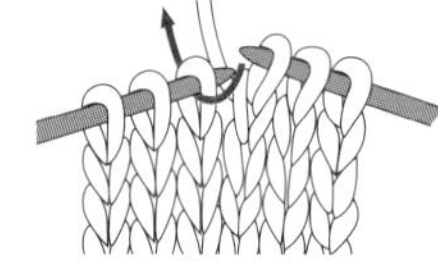

針を向こう側に置き、右針を手前から左針の目に入れる。

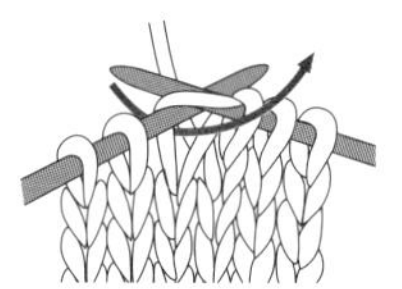

右針に糸をかけ、矢印のように手前に引き出す。

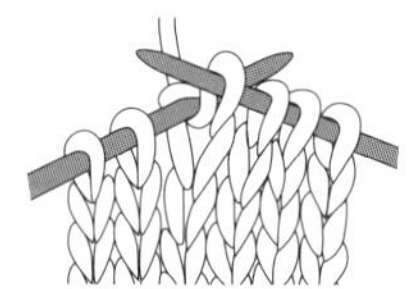

引き出しながら左針を外す。

— 裏目

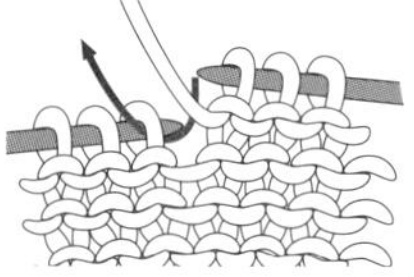

糸を手前に置き、右針を左針の目の向こう側に入れる。

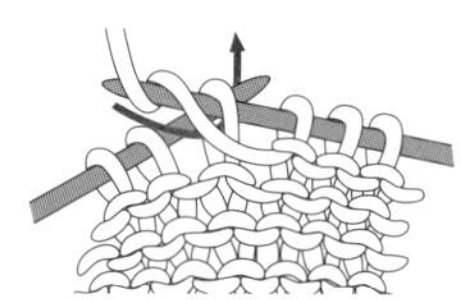

右針に糸をかけ、矢印のように向こう側に引き出す。

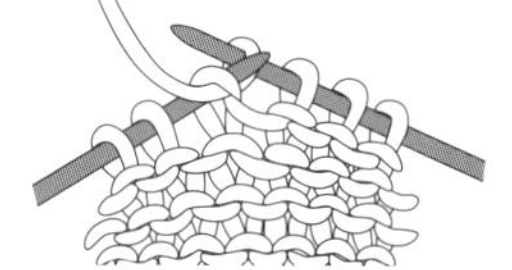

引き出しながら左針を外す。

かけ目 すべり目　イギリスゴム裏編み　イギリスゴム表編み

〈1段目／A糸〉

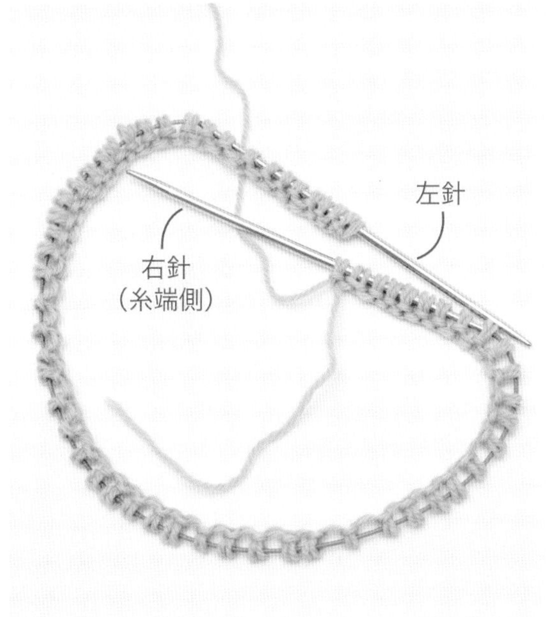

01 必要な目数の作り目を作ったら、針を1本抜き、輪状にします。

I 表目

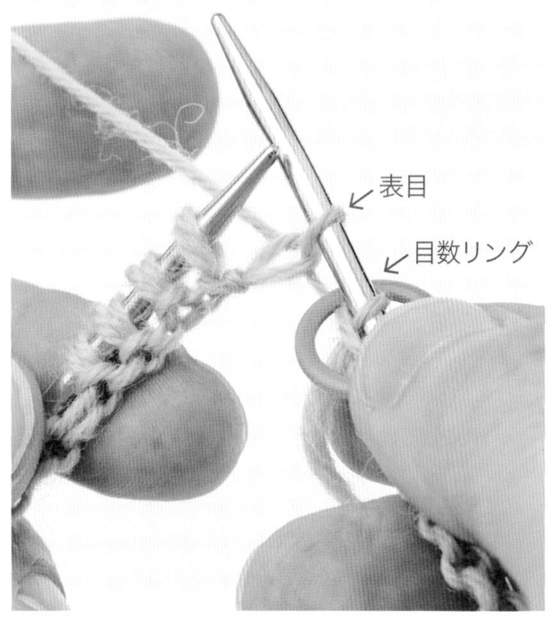

02 目数リングを右針に入れてから作り目と同じA糸で編みます。1目めは表目で編みます。

II かけ目 すべり目

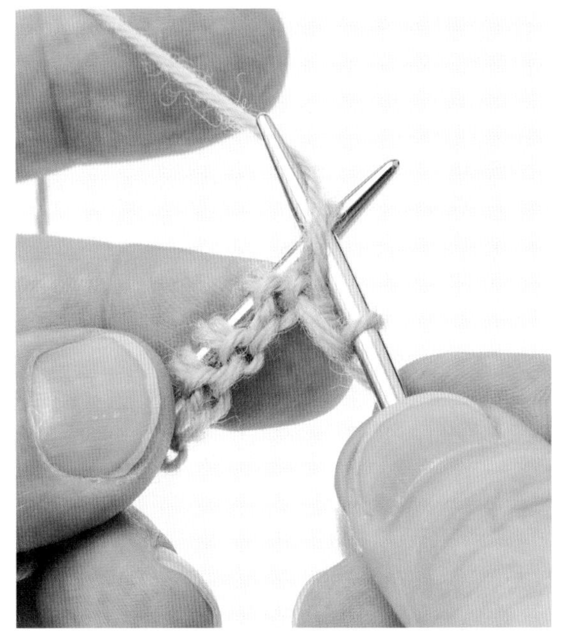

03 2目めはかけ目をして、すべり目で編みます（2目めに針を入れ、その上に糸をかけるだけ）。

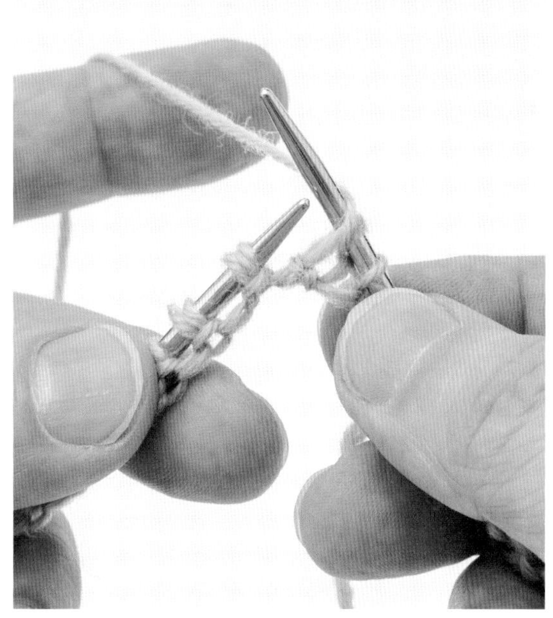

04 そのまま左針から右針に移します。

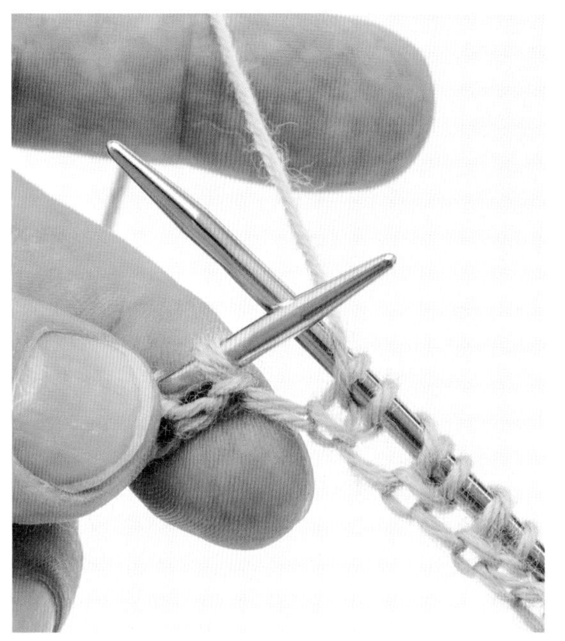

05 **02**、**03**を繰り返します(奇数目は表編み、偶数目はかけ目すべり目)。

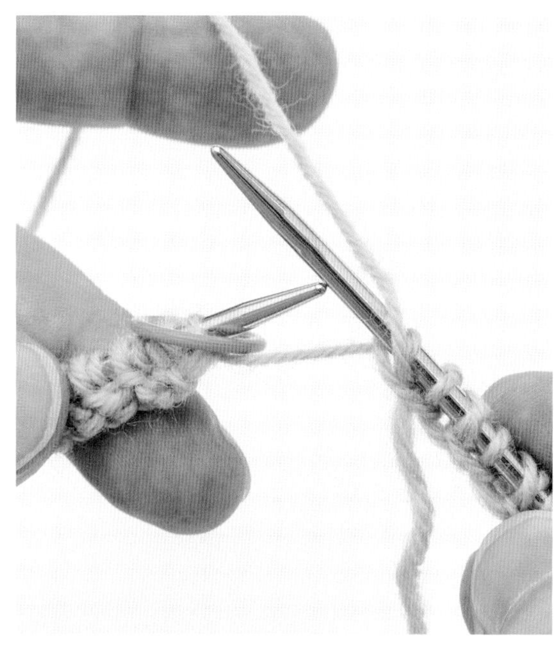

06 1周編んだところ。

03 そのまま左針から右針に移します。

A イギリスゴム裏編み

04 2目めは前段のかけ目すべり目を一緒に裏目で編みます。

〈2段目／B糸〉

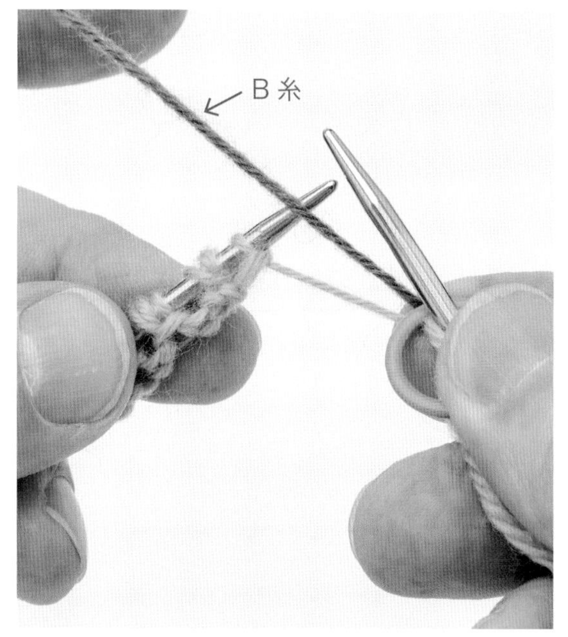

01 目数リングを右針に移し、B糸に持ち替えます(偶数段はB糸、奇数段はA糸)。

11 かけ目 すべり目

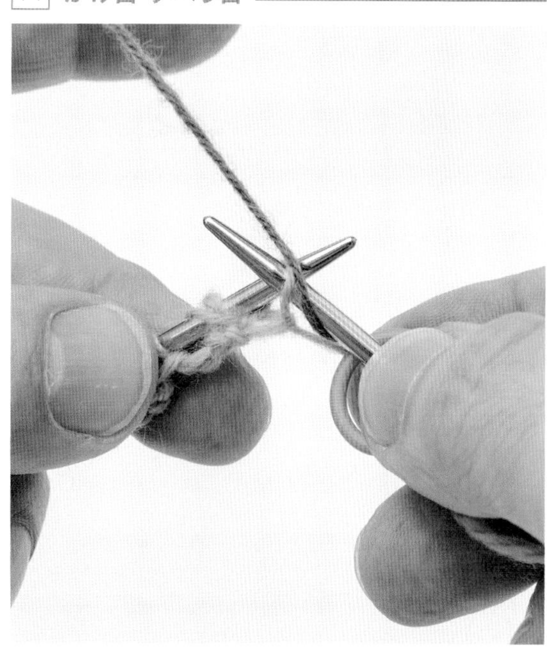

02 1目めはかけ目をして、すべり目で編みます。

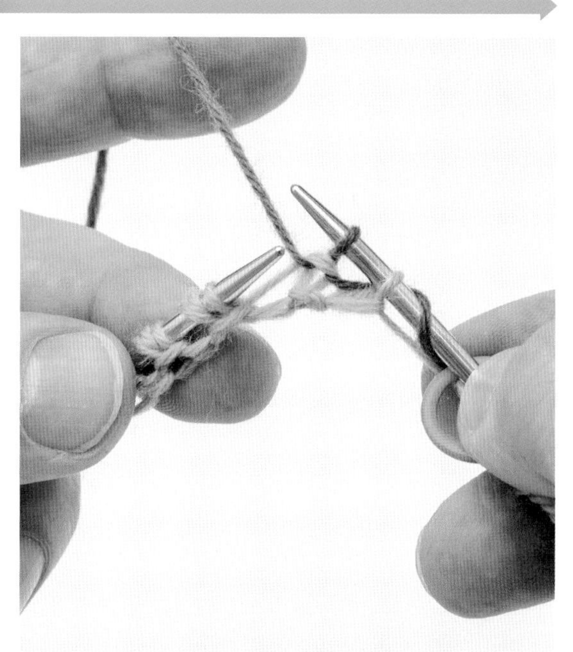

05 2目めを編んだところ。

06 **02**～**05**をくり返します(奇数目はかけ目すべり目、偶数目は裏目)。

〈2段目を糸を変えずA糸で編む場合〉

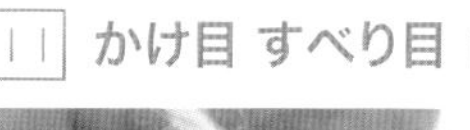

01 そのままA糸で編みます。

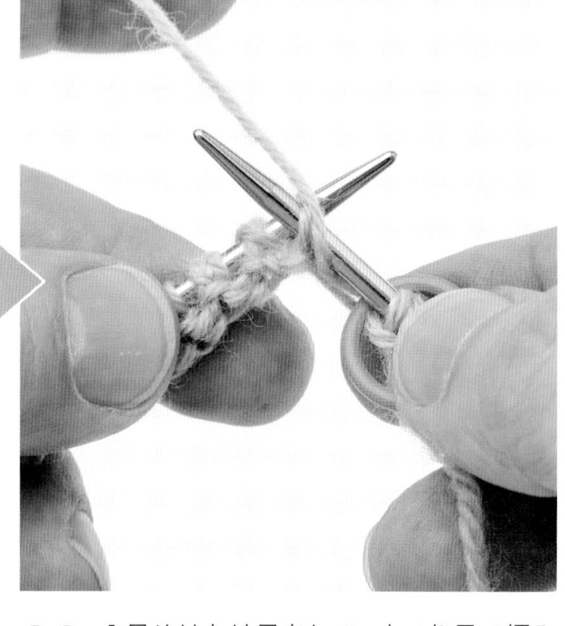

02 1目めはかけ目をして、すべり目で編みます。

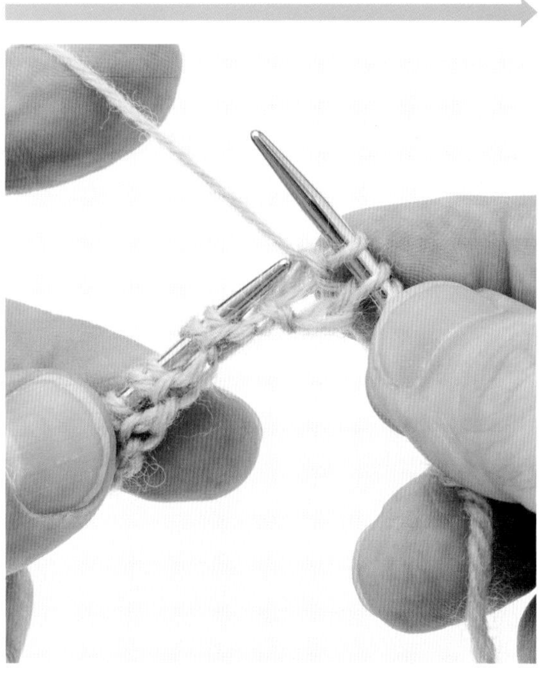

05 2目めを編んだところ。

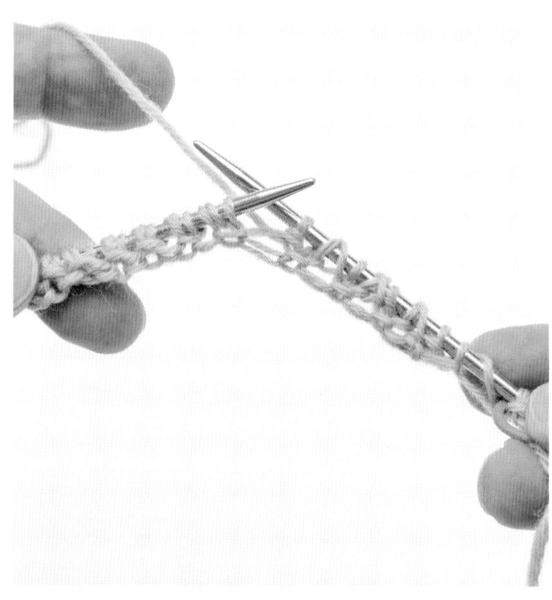

06 **02〜05**をくり返します。

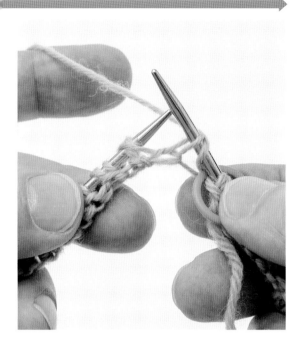

03 そのまま左針から右針に移します。

イギリスゴム裏編み

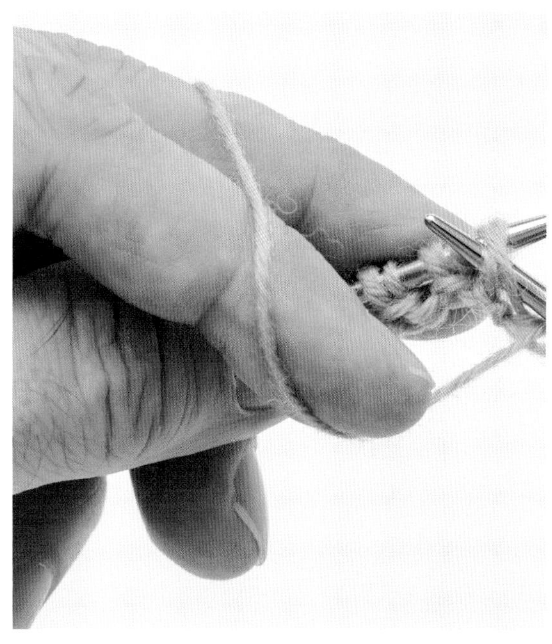

04 2目めは前段のかけ目すべり目を一緒に裏目で編みます。

〈3段目／A糸〉

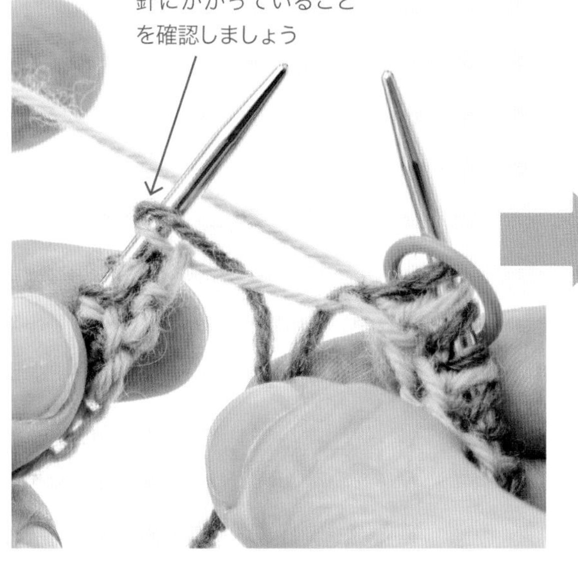

B糸が落ちていないか
針にかかっていること
を確認しましょう

01 A糸に持ち替えます。

イギリスゴム表編み

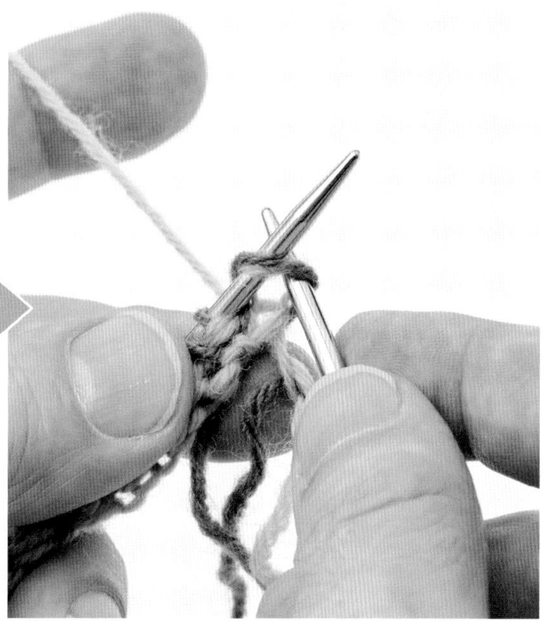

02 1目めは前段のかけ目すべり目を一緒に表目で編みます。

11 かけ目 すべり目

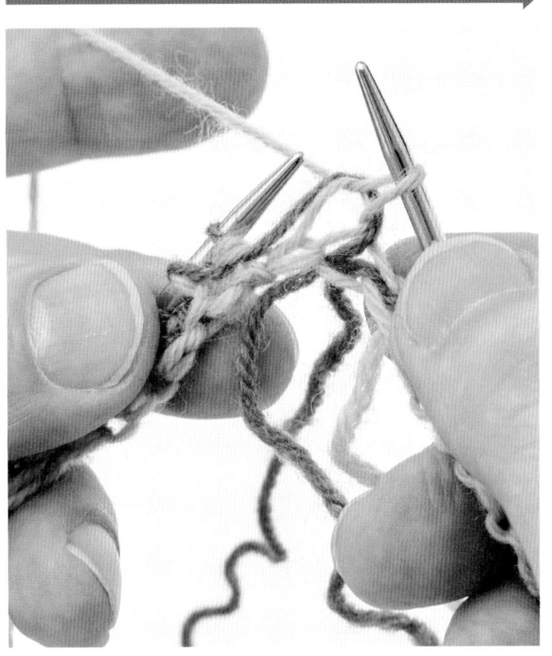

03 1目めを編んだところ。

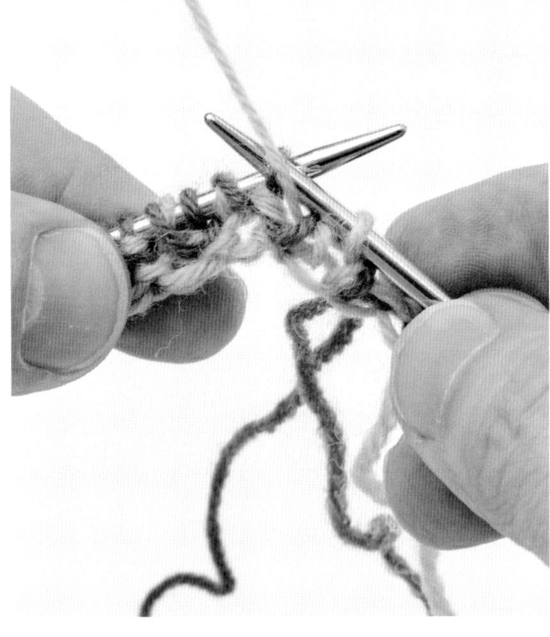

04 2目めはかけ目をして、すべり目で編みます。

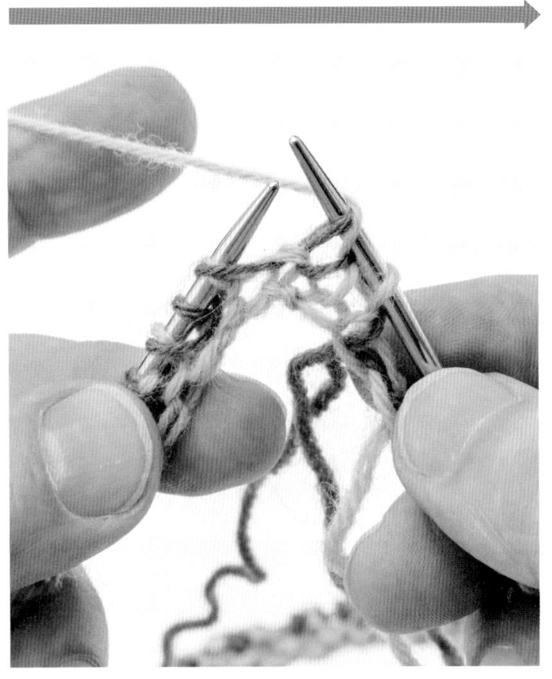

05 そのまま左針から右針に移します。

06 **02～05**をくり返します。

途中で糸が足りなくなったときの糸のつなぎ方

新しい糸を継ぎ足すとき、面倒になって玉結びなどをしがちですが、リバーシブル仕様のブリオッシュ編みでは目立ってしまいます。そこで編み地に響かない方法を紹介します。※わかりやすくするため糸を２色にしています。

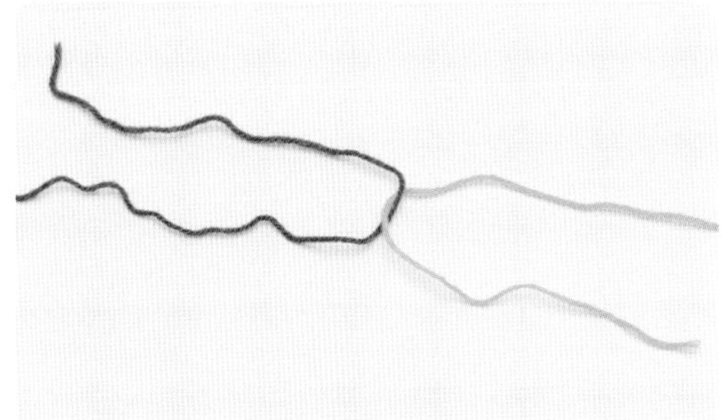

01 糸端どうしを引っ掛けます。

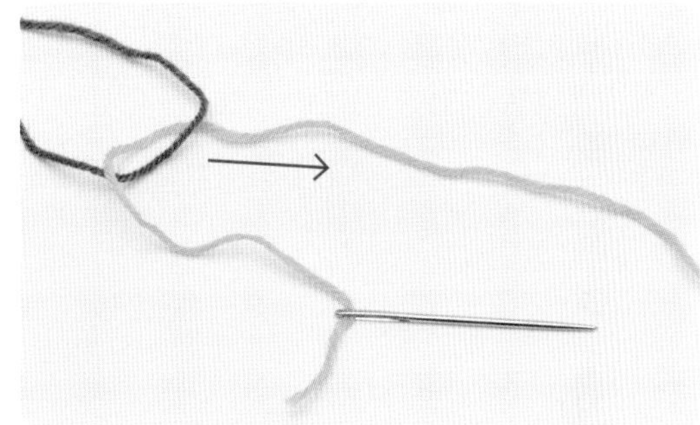

02 片方の糸端をとじ針に通します。

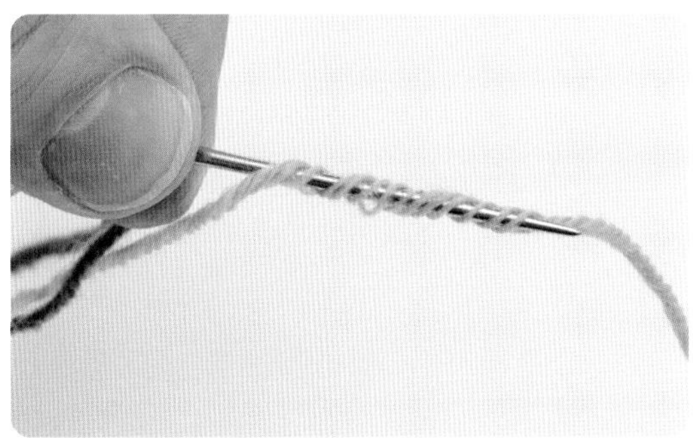

03 **02**の矢印の方向に糸を割って通します。

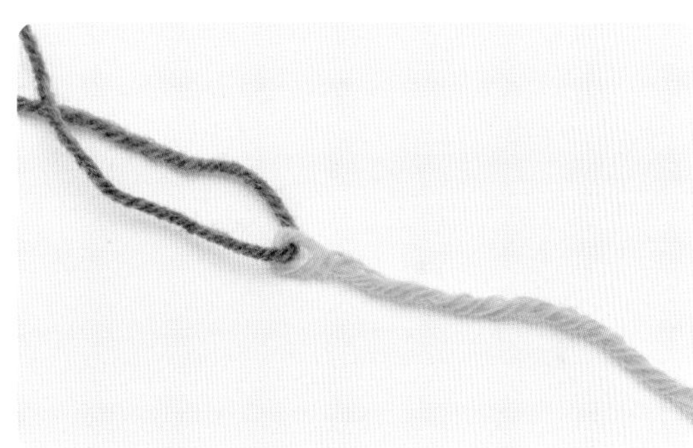

04 約10cm通します。

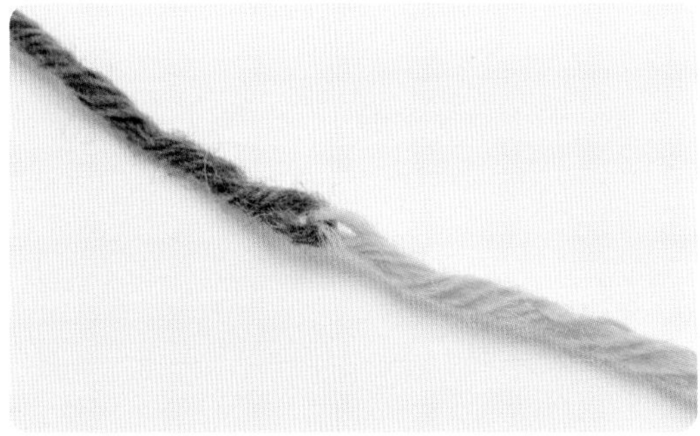

05 反対側の糸も同様に、**02〜04**をくり返します。

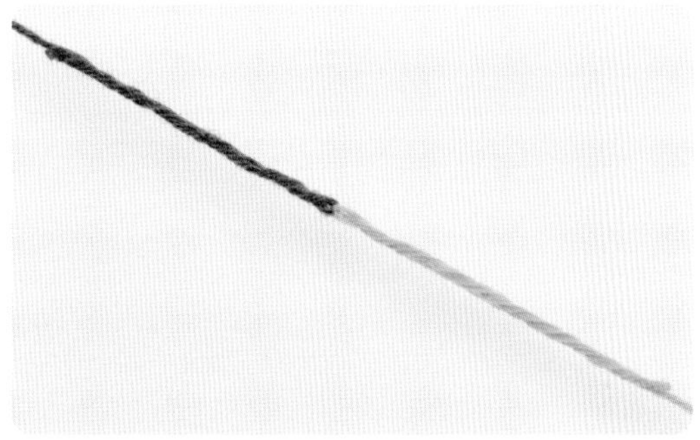

06 余分な糸を切り、左右に軽く引っ張ります。

Coloring lesson

ブリオッシュ編みをＡ糸、Ｂ糸の２色で編んだ場合の配色パターンを紹介します。

※Aは表、Bは裏、それぞれの後の数字は、パーセントの色番号です。

〈Similar colors〉

色の濃淡を楽しむきれいな配色。表と裏の差がほどよく、上品な印象です。

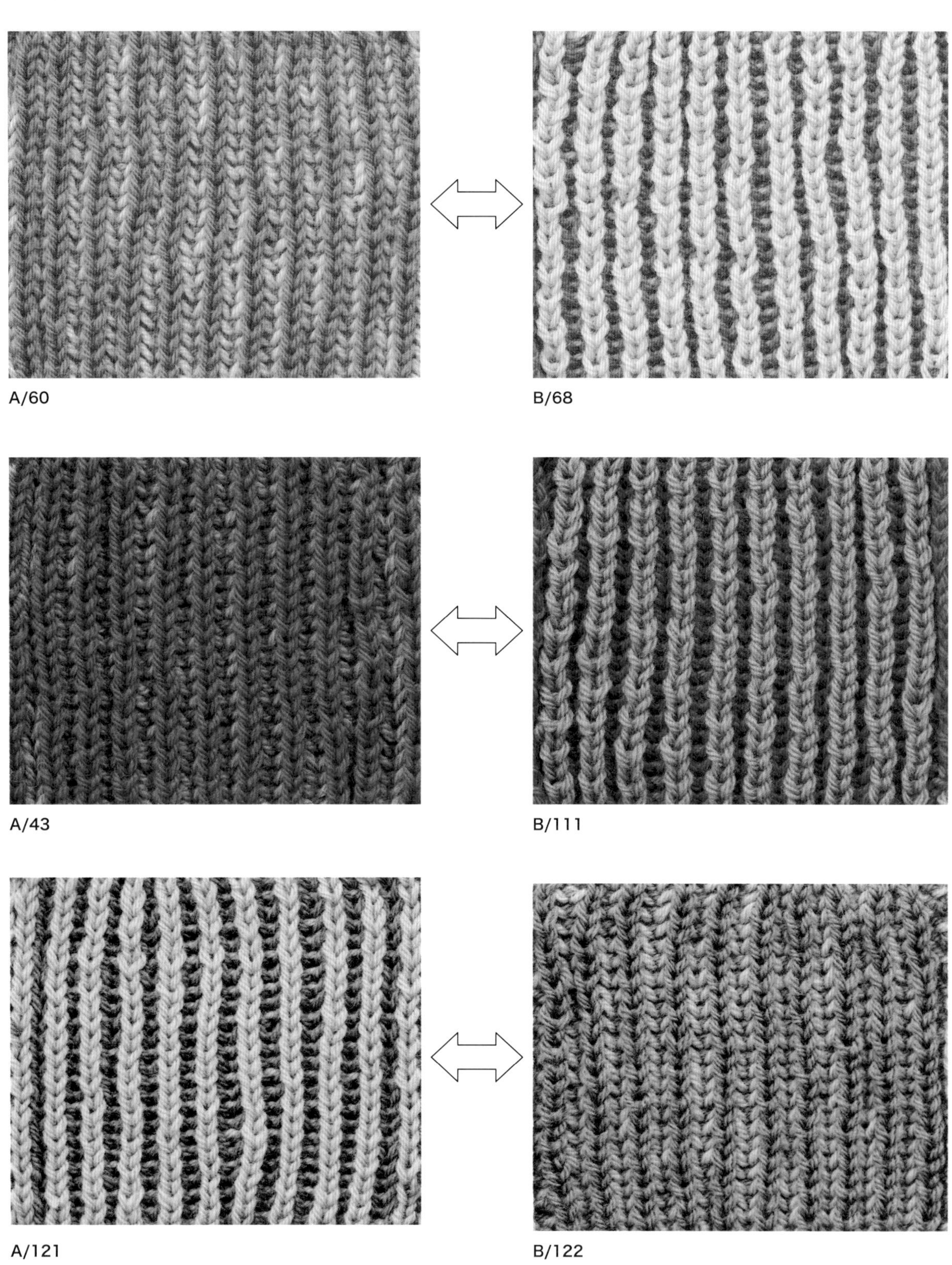

A/60　B/68

A/43　B/111

A/121　B/122

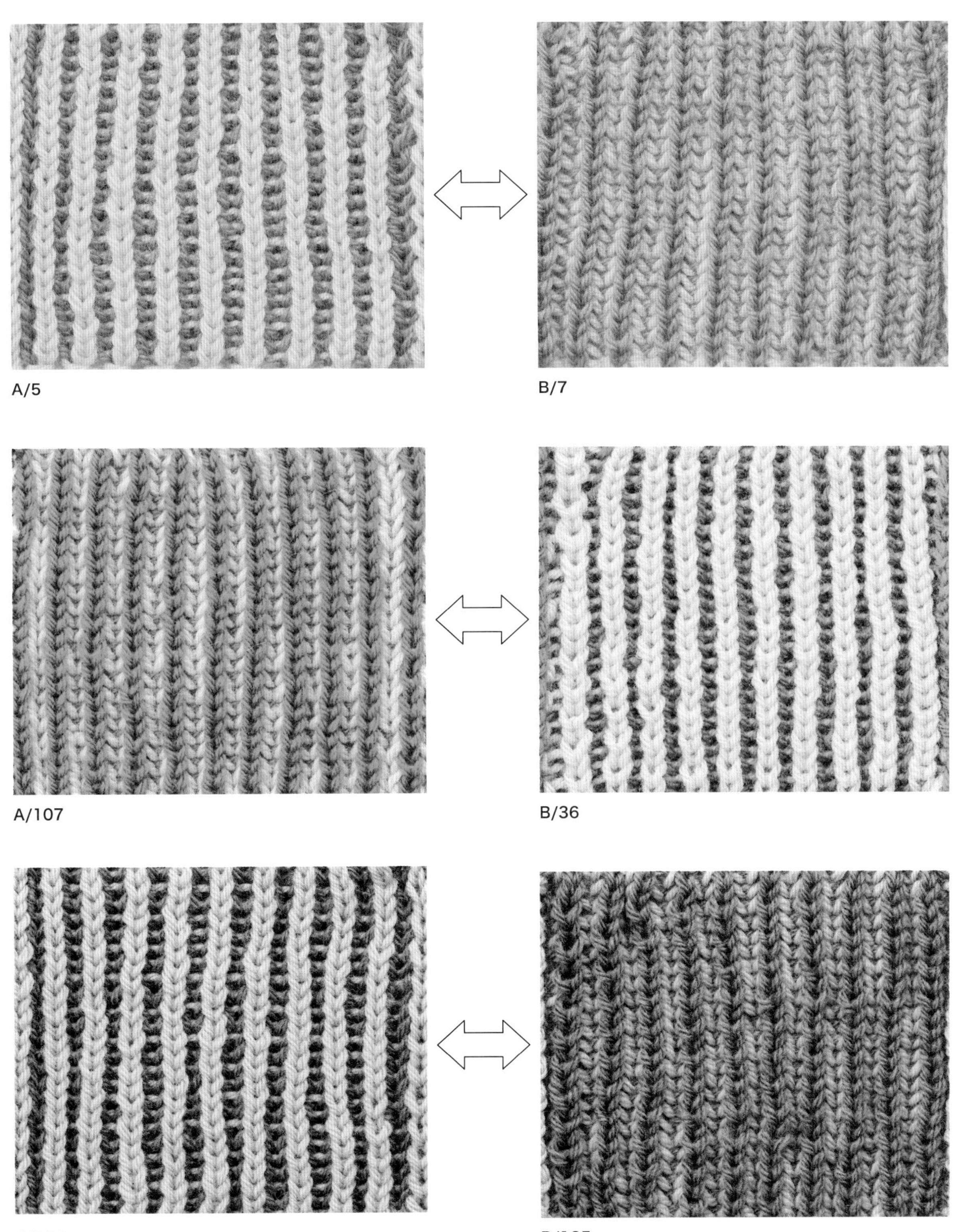

A/5

B/7

A/107

B/36

A/124

B/125

〈Warm colors〉

赤やピンクなどを使った暖色系の配色。かわいらしいフェミニンな印象です。

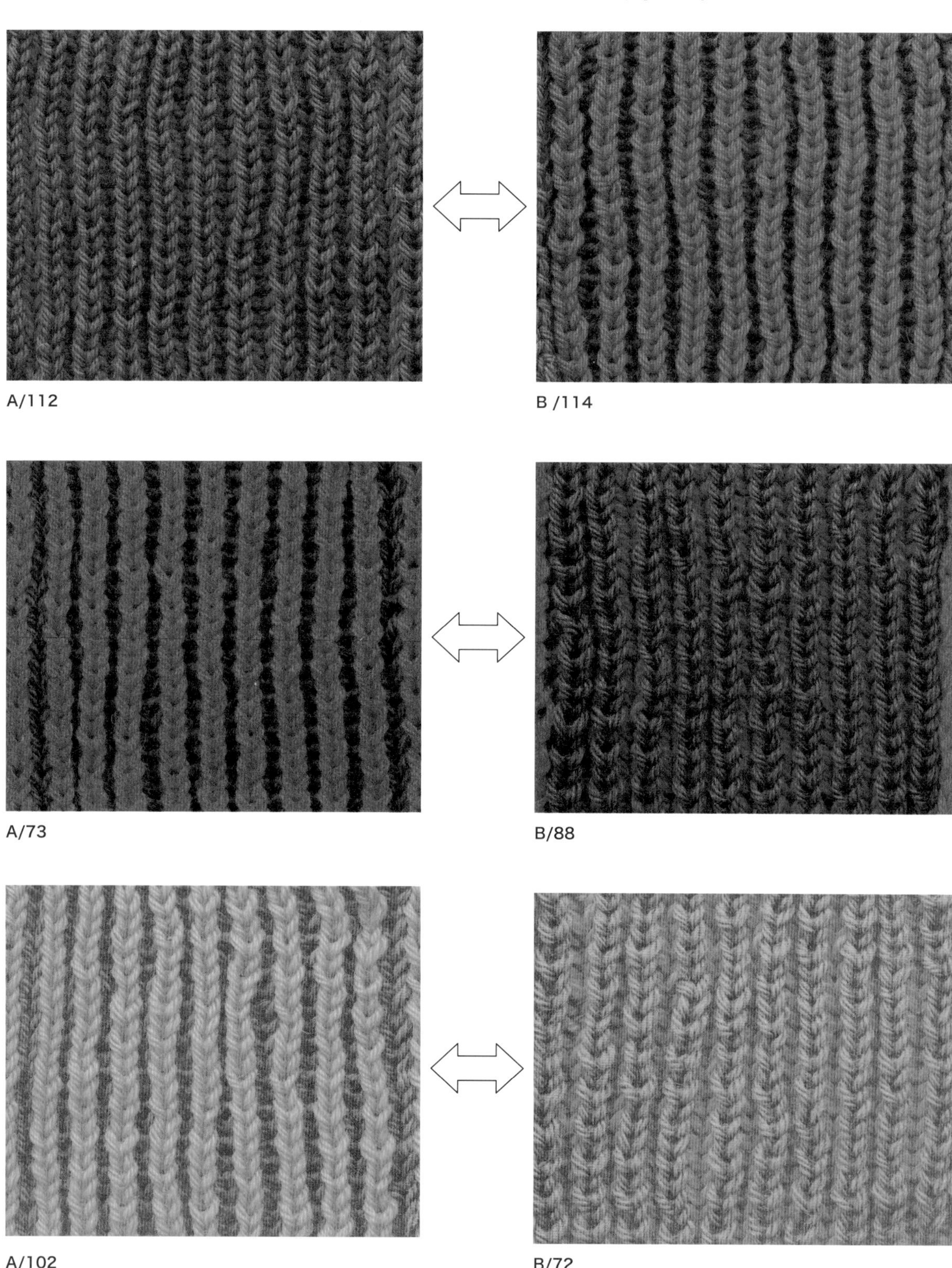

A/112

B /114

A/73

B/88

A/102

B/72

〈Cool colors〉

青や緑を使った寒色系の配色。落ち着きがあり、かっこいい印象です。

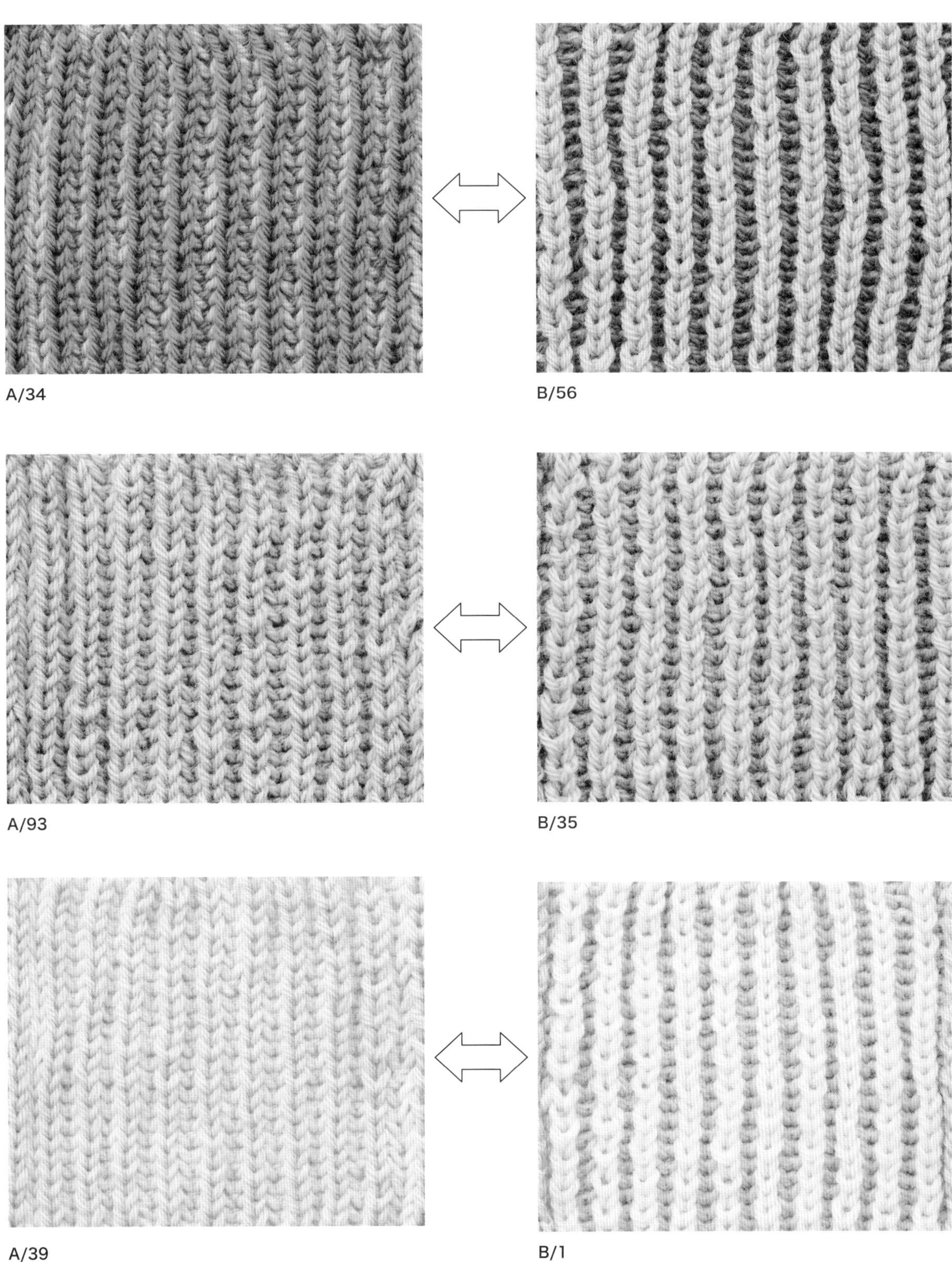

A/34 B/56

A/93 B/35

A/39 B/1

〈Opposite colors〉

まったく色の異なる2色の配色。表と裏の印象を変えたいときにおすすめです。

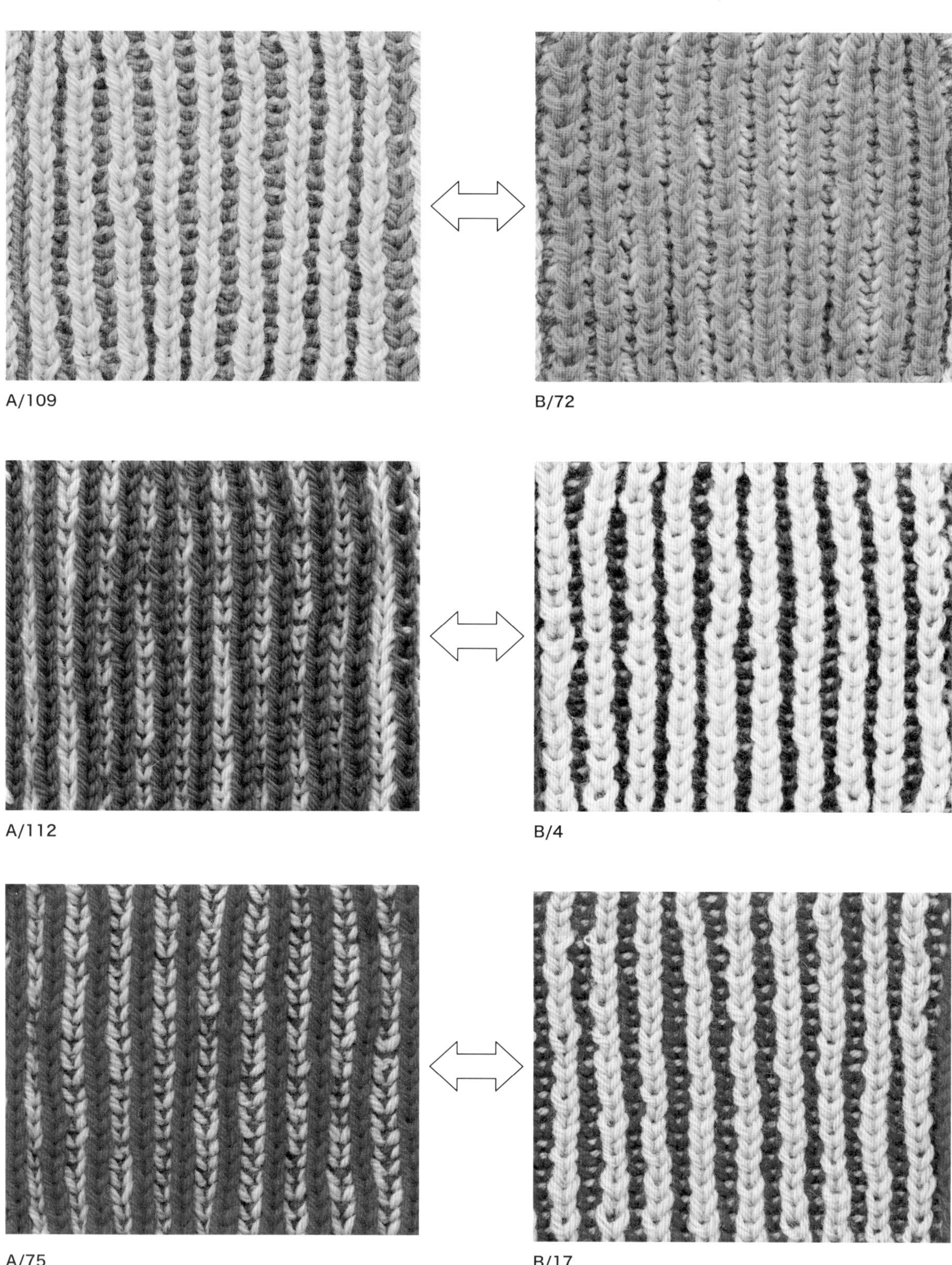

A/109

B/72

A/112

B/4

A/75

B/17

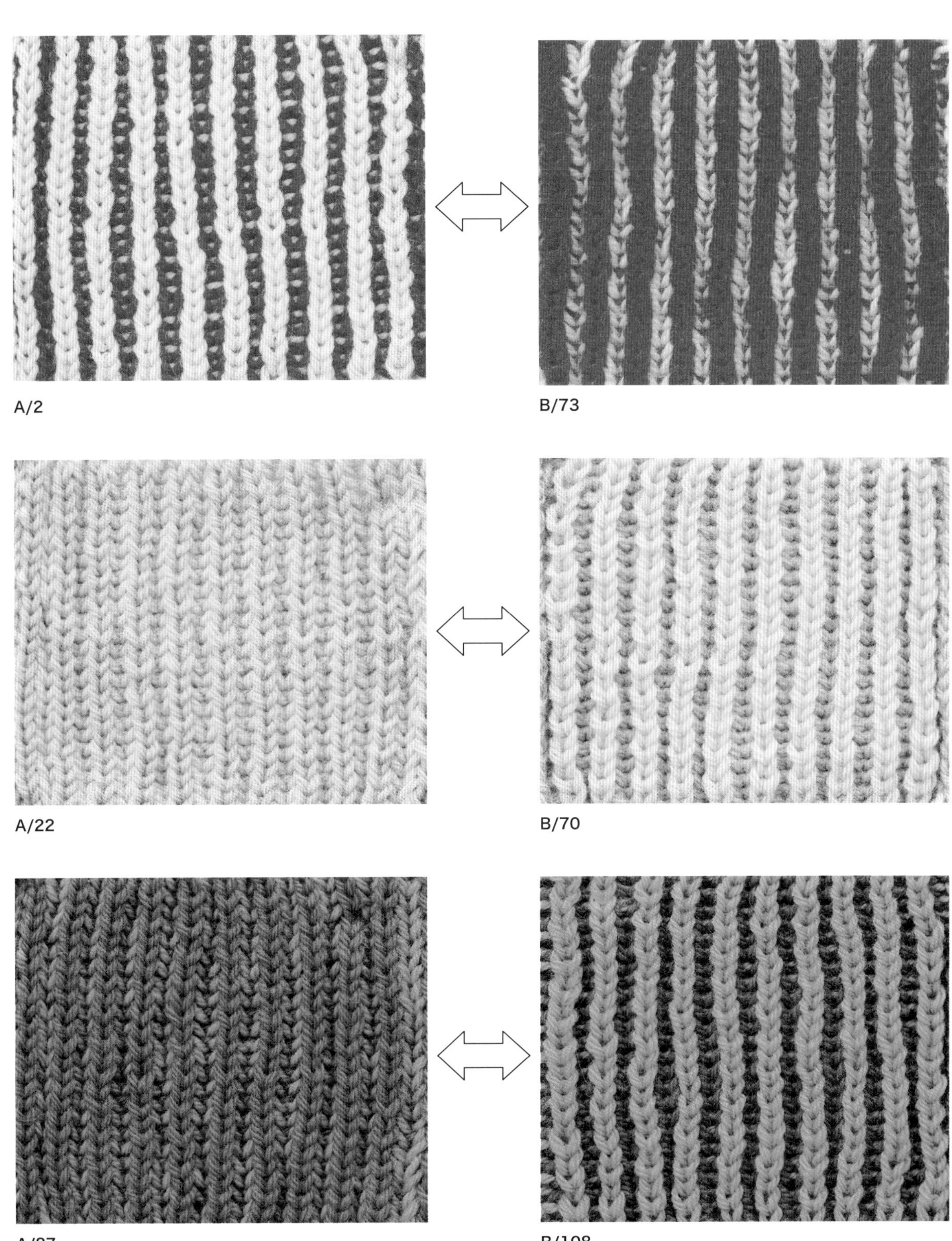

A/2

B/73

A/22

B/70

A/87

B/108

STEP3

増し目

増し目は奇数段で行い、3目、5目、9目と、
常に偶数目を増やします。
※写真は17段目(奇数段)で増やしています。

3目の編み出し増し目(P.29〜)

5目の編み出し増し目(P.32〜)

9目の編み出し増し目(P.35〜)

3目の編み出し増し目(1目を3目に増やす)／A糸

01 次の目で増し目します。

02 作り目と同じA糸で編みます。1目めは表目で編みます。

03 右針に糸をかけ、かけ目をします。

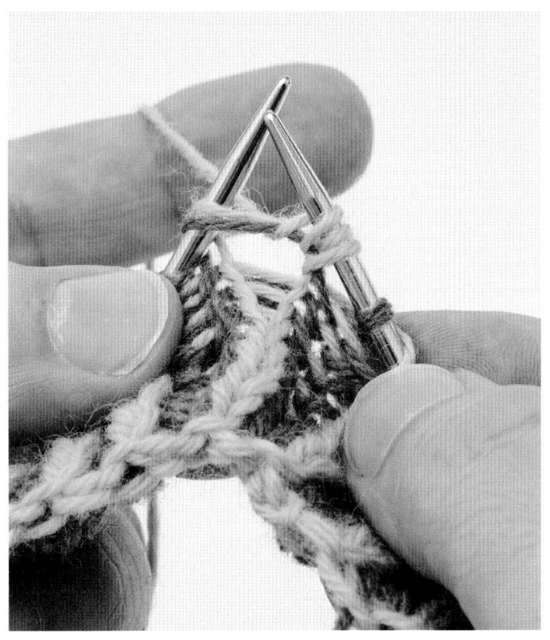

04 そのまま表目で編みます。

3目の編み出し増し目次の段／B糸

05 3目になったら左針の目を外します。

01 18段目になるので、B糸に持ち替えます。

04 3目めはかけ目をして、すべり目で編みます。

05 次の目は前段のかけ目すべり目を一緒に裏目で編みます。

02 前段(17段目)で増やした３目の１目めはかけ目をして、すべり目で編みます。

03 ２目めは裏目で編みます。

06 さらに数段編んだところ。

5目の編み出し増し目(1目を5目に増やす)／A糸

01 次の目で増し目をします。

02 作り目と同じA糸で編みます。1目めは表目で編みます。

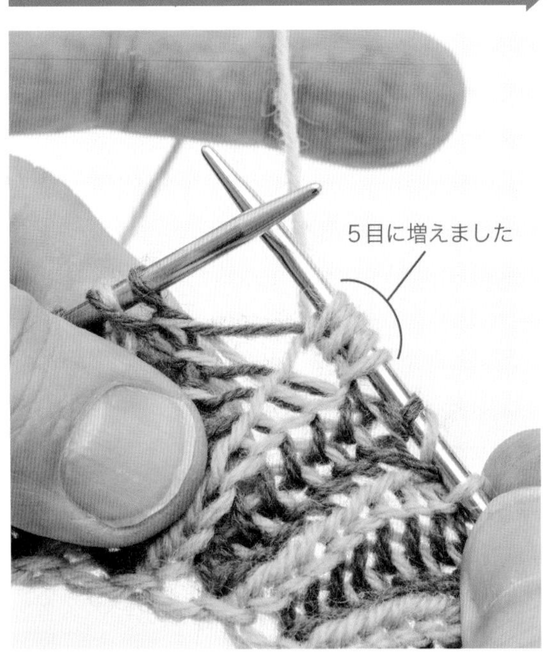

05 かけ目、表目を繰り返し、5目になったら左針の目を外します。

5目の編み出し増し目次の段／B糸

01 18段目になるので、B糸に持ち替えます。

03 右針に糸をかけ、かけ目をします。

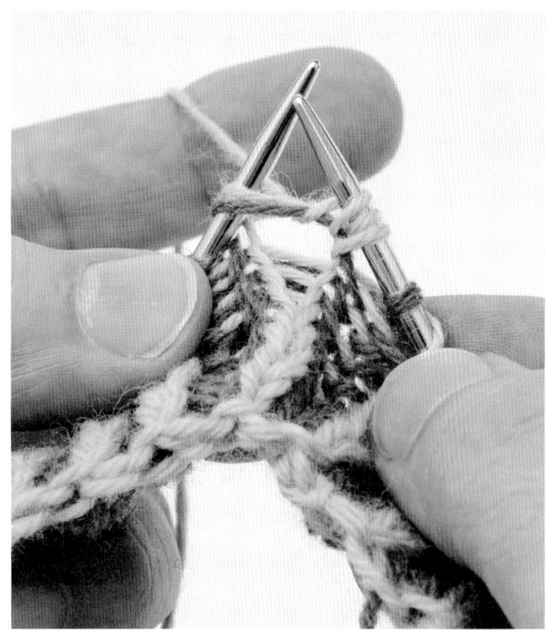

04 そのまま表目で編みます。

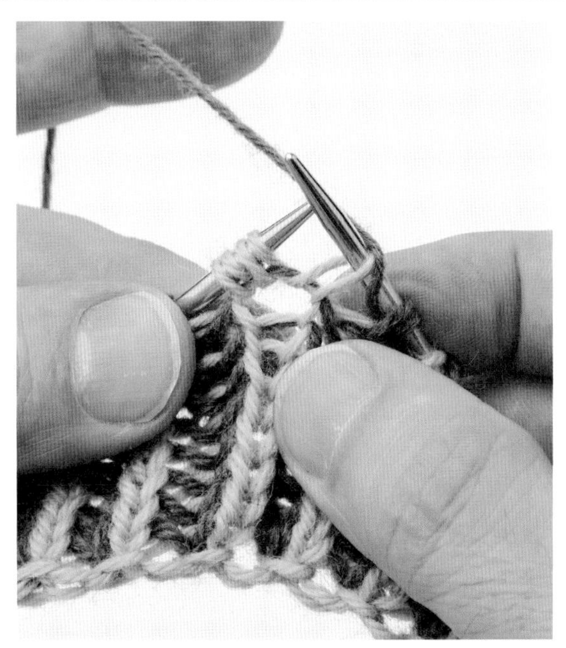

02 前段(17段目)で増やした５目の１目めはかけ目をして、すべり目で編みます。

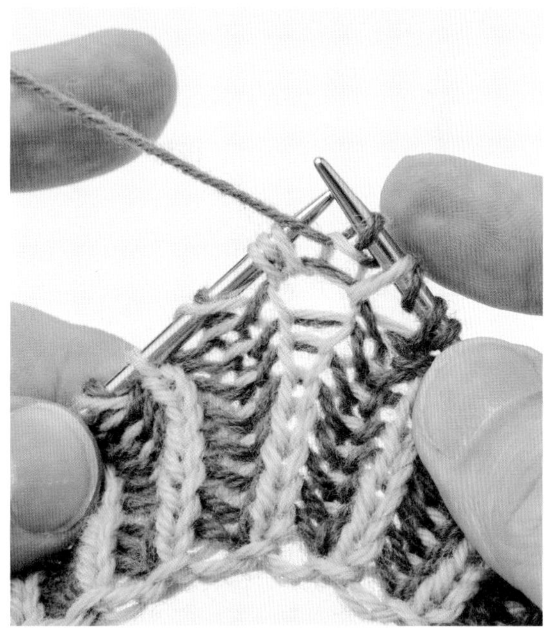

03 ２目めは裏目で編みます。

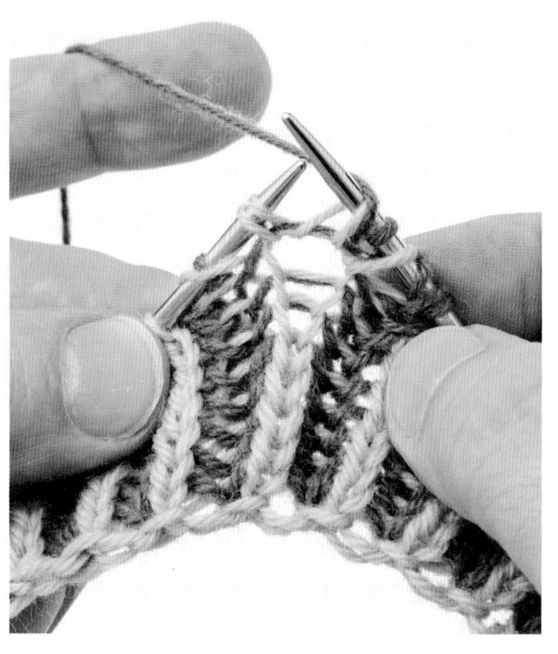

04 3目めはかけ目をして、すべり目で編みます。

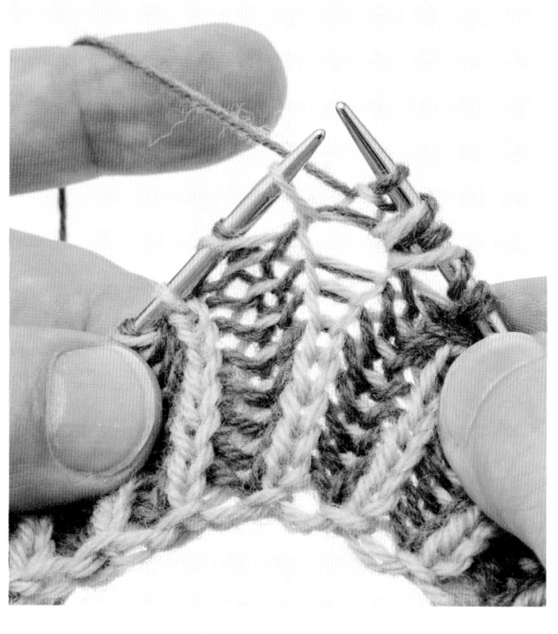

05 4目めは裏目で編みます。

08 さらに数段編んだところ。

06 5目めはかけ目をして、すべり目で編みます。

07 次の目は前段のかけ目、すべり目を一緒に裏目で編みます。

9目の編み出し増し目(1目を9目に増やす)／糸

01 次の目で増し目をします。

02 作り目と同じA糸で編みます。1目めは表目で編みます。

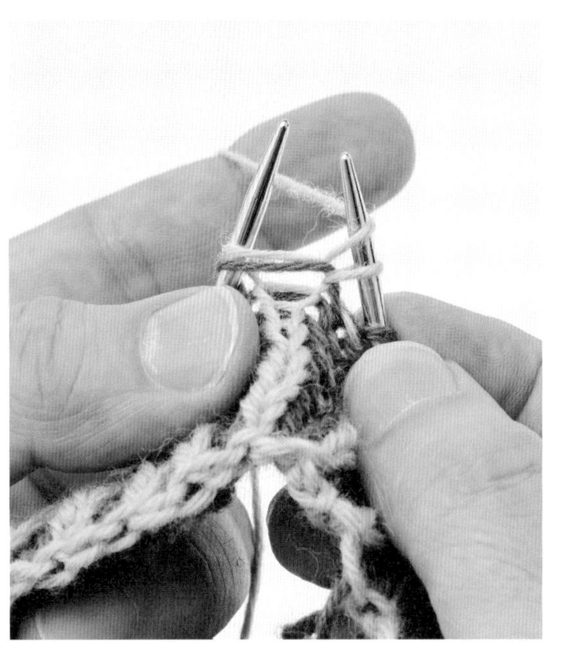

03 右針に糸をかけ、かけ目をします。

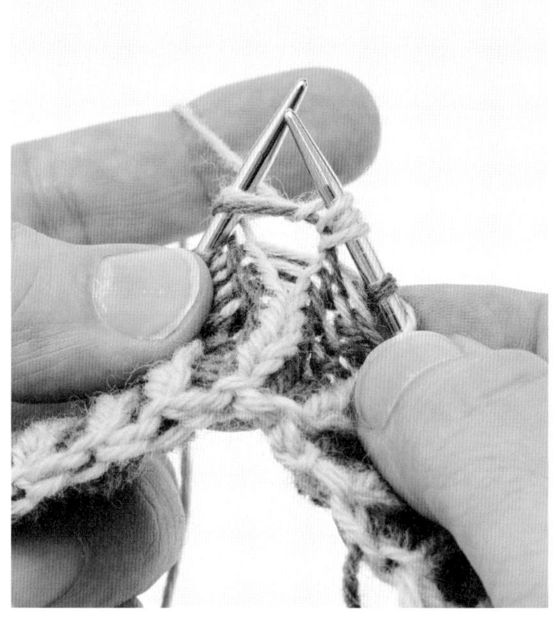

04 そのまま表目で編みます。

02 2目めは裏目、3目めはかけ目をして、すべり目で編みます。

03 4目めは裏目で編みます。

9目に
増えました

05 かけ目、表目を繰り返し、9目になったら左針の目を外します。

9目の編み出し増し目次の段／B糸

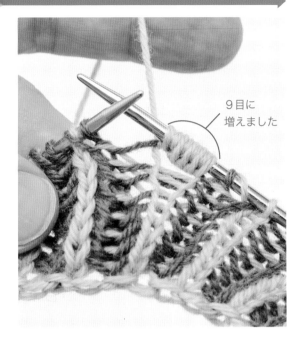

01 18段目になるので、B糸に持ち替えます。前段(17段目)で増やした9目の1目めはかけ目をして、すべり目で編みます。

04 5目めはかけ目をして、すべり目で編みます。

05 6目めは裏目で編みます。

06 7目めはかけ目をして、すべり目で編みます。

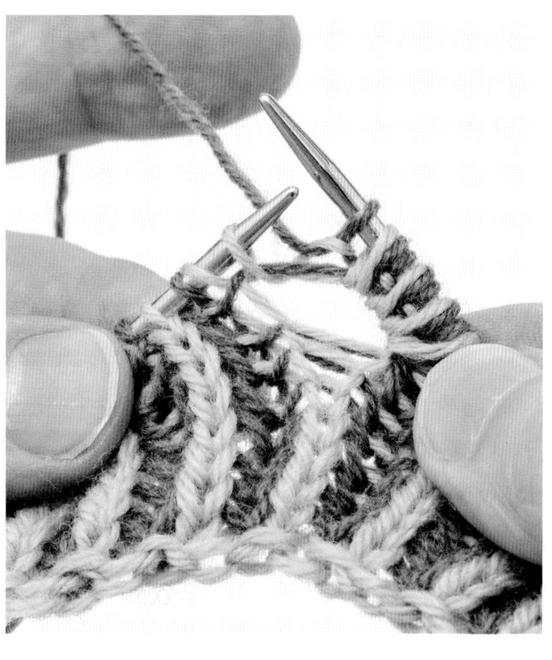

07 8目めは裏目で編みます。

10 さらに数段編んだところ。

前段のかけ目が落ちていたときの直し方

ブリオッシュ編みでよくあるミスが、P.19の**01**のときにかけ目を落としてしまうこと。もしも落としてしまっても直し方を知っていれば安心です。

03 左針で落ちているかけ目を拾います。

08 9目めはかけ目をして、すべり目で編みます。

09 次の目は前段のかけ目、すべり目を一緒に裏目で編みます。

01 このように前段のかけ目が落ちていた場合、

02 すべり目を右針に移します。

04 右針のすべり目を左針に移します。

05 かけ目、すべり目を一緒に編みます。

STEP4

減らし目

減らし目も奇数段で行います。
左上3目一度と右上3目一度、
2つの方法で目を減らします。
※写真は17段目(奇数段)で減らしています。

左上3目一度(P.41〜)

右上3目一度(P.43〜)

木 左上3目一度(3目を1目に減らす)/A糸

01 1目めに矢印のように針を入れます。

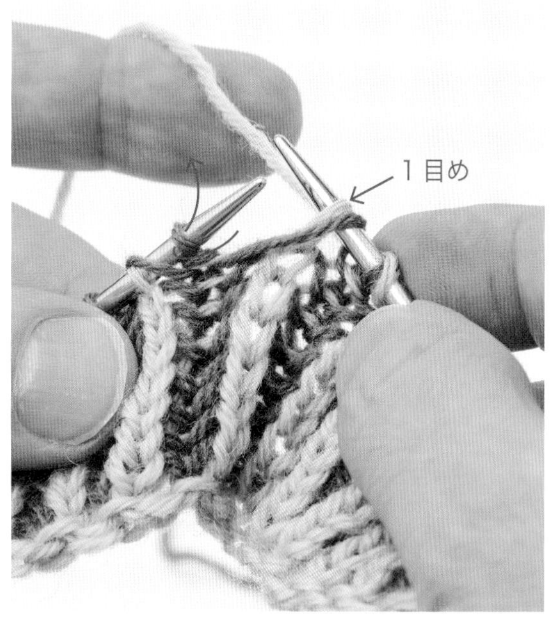

02 そのまま右針に移します。

03 2目めを表目で編みます。

04 **03**の矢印のように、1目めを2目めにかぶせます(左針を1目めに入れ、右針の2目めにかぶせます)。

05 2目めを左針に移します。

06 3目めを2目めにかぶせます(右針を3目めに入れ、左針の2目めにかぶせます)。

左上3目一度の次の段／B糸

01 18段目になるので、B糸に持ち替えます。前段(17段目)で減らした1目めはかけ目をして、すべり目で編みます。

02 次の目は前段のかけ目、すべり目を一緒に裏目で編みます。

07 目をかぶせたところ。

右上3目一度(3目を1目に減らす)／A糸

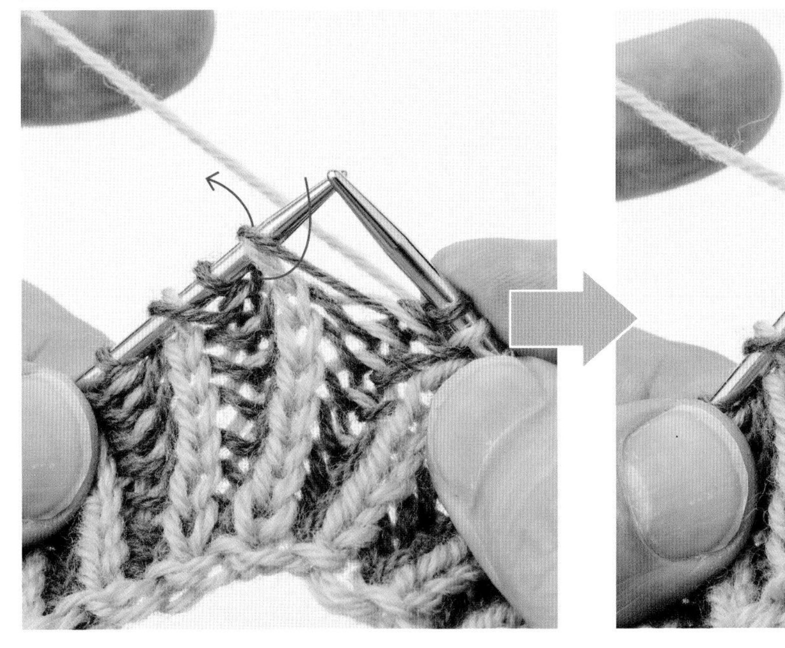

01 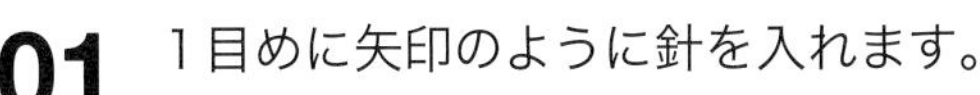1目めに矢印のように針を入れます。

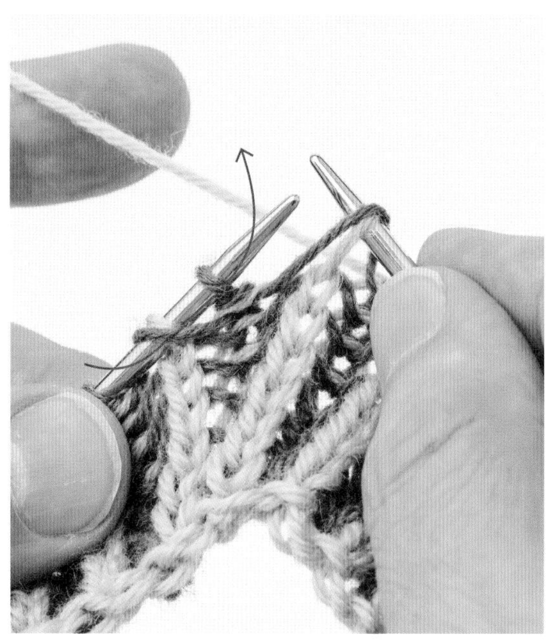

02 そのまま右針に移します。

03 **02**の矢印のように針を入れ、2目めと3目めを表編みで一緒に編みます。

05 目をかぶせたところ。

右上3目一度の次の段／B糸

01 18段目になるので、B糸に持ち替えます。前段(17段目)で減らした1目めはかけ目をして、すべり目で編みます。

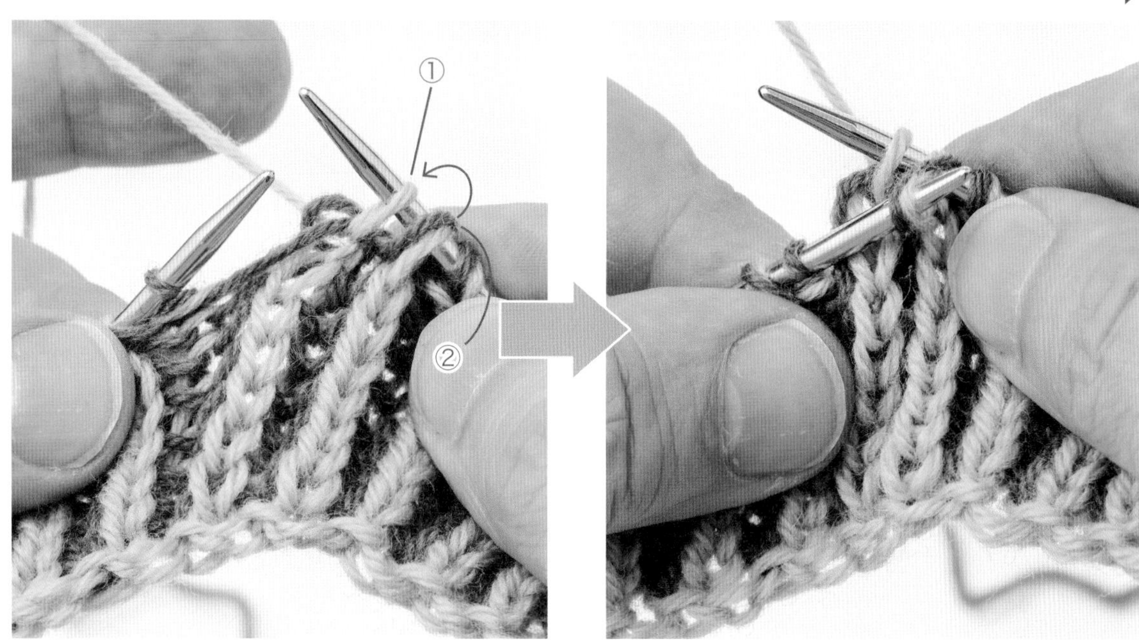

04 左針を②に入れ、①に②をかぶせます。

02 次の目は前段のかけ目、すべり目を一緒に裏目で編みます。

STEP5

止める

編み終わったら目を止めます。
とじ針を使った1目ゴム編み止めと、
編みながらの伏せ止め、2つの方法と、
糸始末の仕方を紹介します。

1目ゴム編み止め

01 最終段(止める段)はＡ糸で編みます。

02 Ｂ糸は10cm程度残して切っておきます。

03 周囲約2.5倍の長さを残してＡ糸を切り、とじ針に糸端を通します。１目めの向こう側からとじ針を入れ、引き出します。

04 ２目めの手前側からとじ針を入れ、引き出します。

05 1目めの手前側からとじ針を入れ、引き出します。1目めを左針から外します。

06 3目めの向こう側から針を入れ、引き出します。

09 **05〜08**をくり返します。

07 ２目めの向こう側からとじ針を入れ、引き出します。２目めを左針から外します。

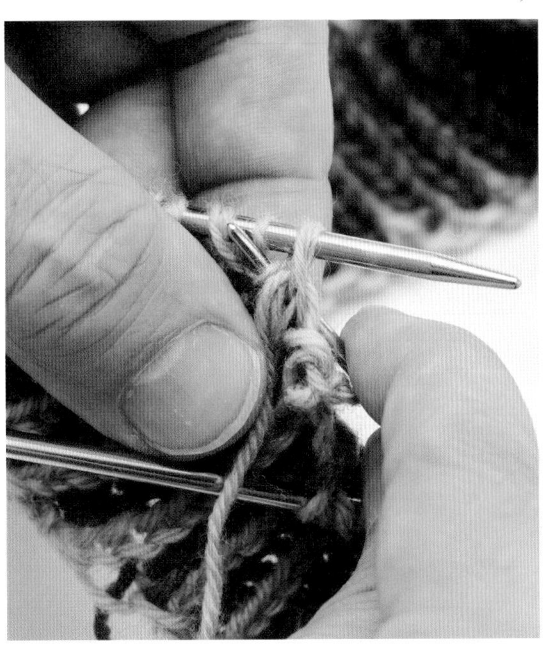

08 ４目めの手前側からとじ針を入れ、引き出します。

編みながら伏せ止め

01 矢印のように１目めを表目で編みます。

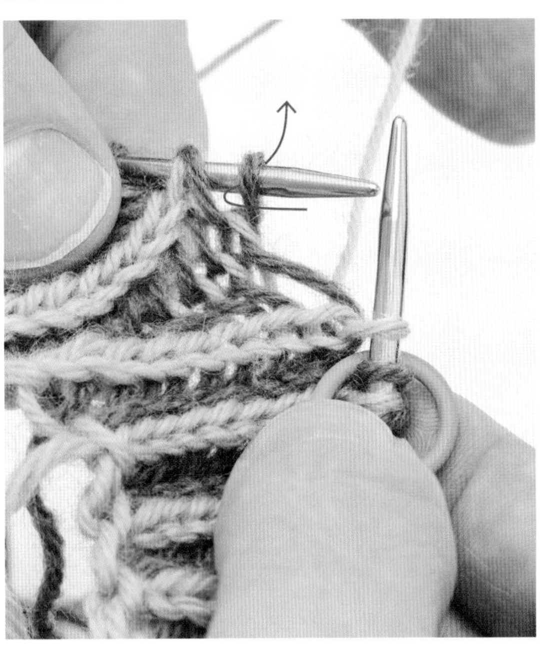

02 矢印のように２目めも表目で編みます。

03 矢印のように2目めを左針に移します。

04 1目めも左針に移します。

07 矢印のように3目めと**05**の目に左針を入れ、2目一緒に表目で編みます。

05 矢印のように1目めと2目めに右針を入れ、一緒に表目で編みます。

06 矢印のように3目めを表目で編みます。

08 矢印のように次の目を表目で編みます。

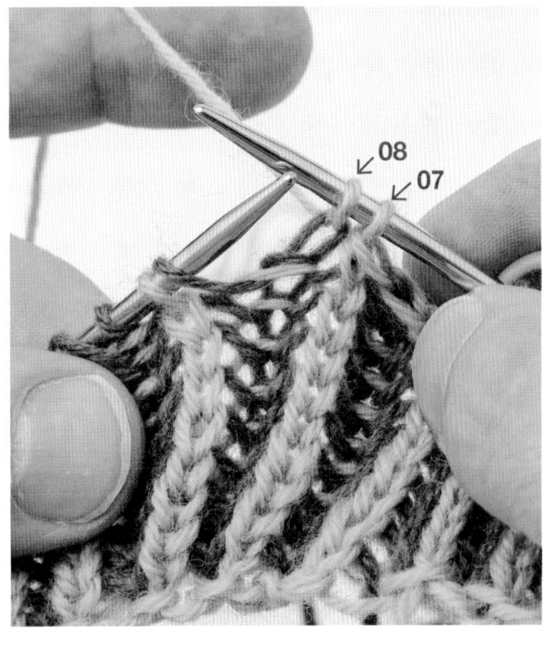

09 **07**、**08**の目に左針を入れ

10 2目一緒に表目で編みます。

11 **06～10**をくり返します。

03 作り目最後の目に針を入れます。

04 目に針をくぐらせます。

糸始末の仕方

01 編み始めの糸端を針に通します。

02 1目めに針を入れます。

05 糸を引きます。

06 余分な糸を切ります。
※編み始め以外の糸端も、**04**〜**06**のように処理します。

POINT LESSON

トップから編む帽子

ブリオッシュ編みの帽子をトップから編む方法。
減らし目よりも増し目の方が
簡単なのでおすすめです。
P.110(もしくはP.114)の編み図と
合わせてご覧ください。

1目を2目に増し目(P.56〜)

基本の作り目(P.10参照)

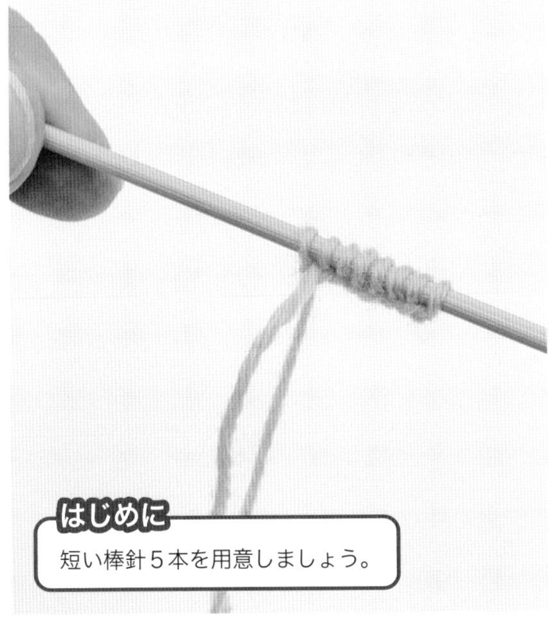

はじめに
短い棒針５本を用意しましょう。

01 基本の作り目の作り方で、作り目を８目編みます。

02 針を１本足し、４目を移します。

Ⅰ 表目／A糸

03 針をもう１本足し、３本でわにして表目で編みます。

04 10段目まで編めたところ。

ト 1目を2目に増し目／A糸

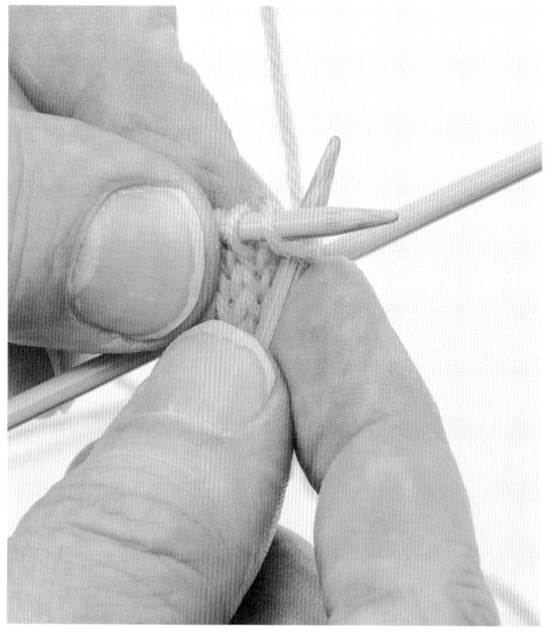

05 11段目は増し目をします。1目めに針を入れ

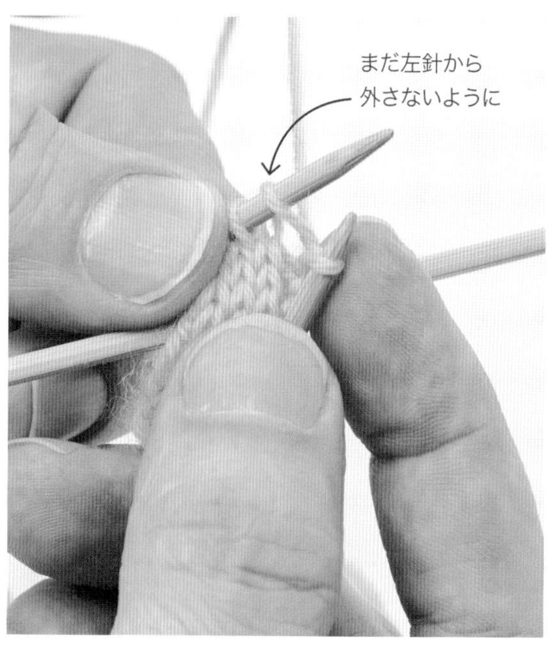

06 糸を引き出します。その際、左針の目は針から外しません。

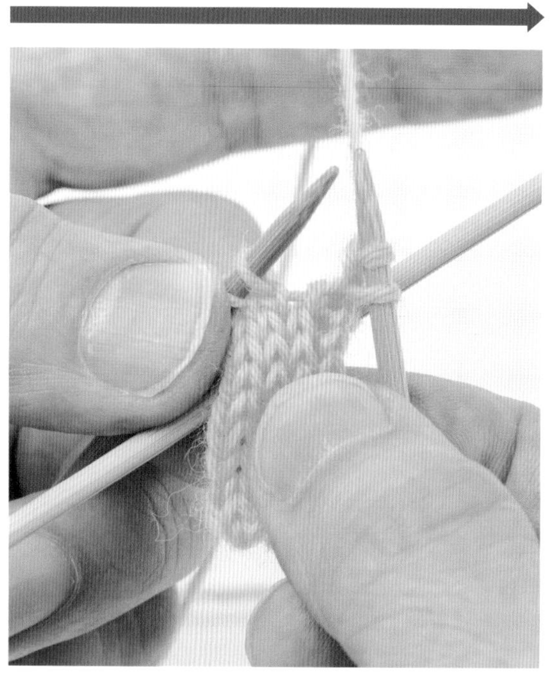

09 左針の目を外します。

10 **05**～**09**を繰り返し、16目にします。針を1本足し、4目ずつ移します。

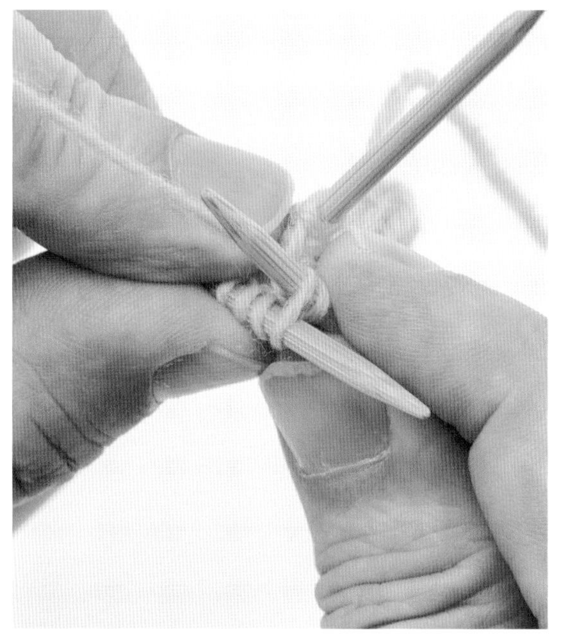

07 目の向こう側を拾います。

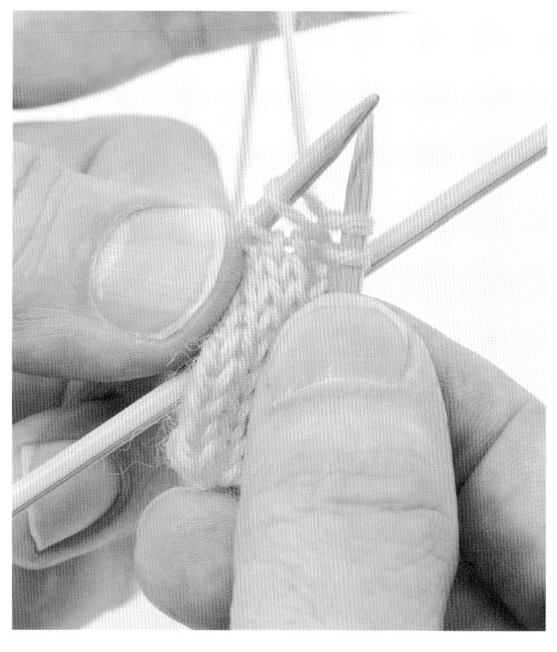

08 糸を引き出します。

ブリオッシュ編み(P.14〜と同様)

11 ブリオッシュ編みの１段目は１目めを表目、２目めはかけ目をして、すべり目で編みます。同様に繰り返し、１周編みます。

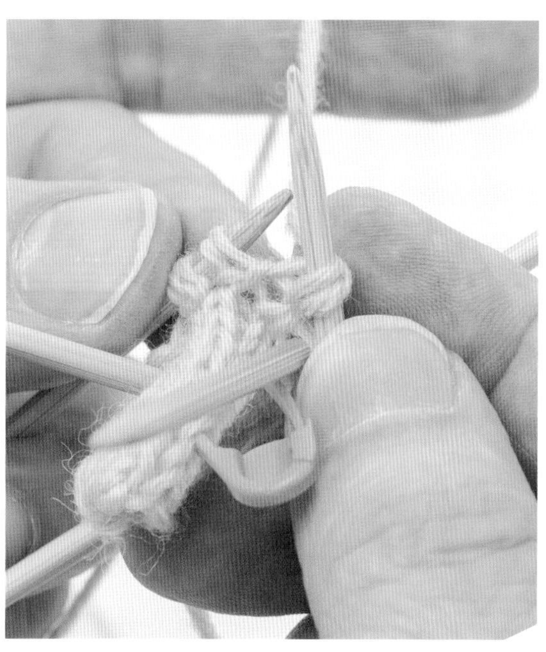

12 ２段目はＢ糸に変え、１目めにかけ目をして、すべり目で編みます。

13 2目めは前段のかけ目、すべり目を一緒に裏目で編みます。

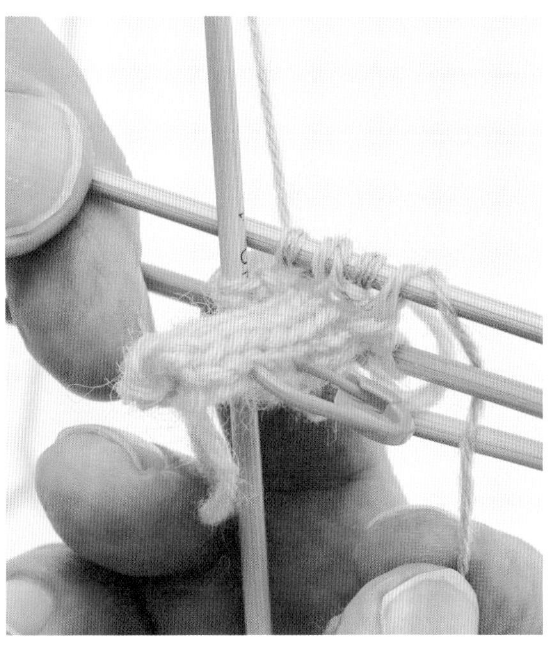

14 **12**、**13**をくり返します。

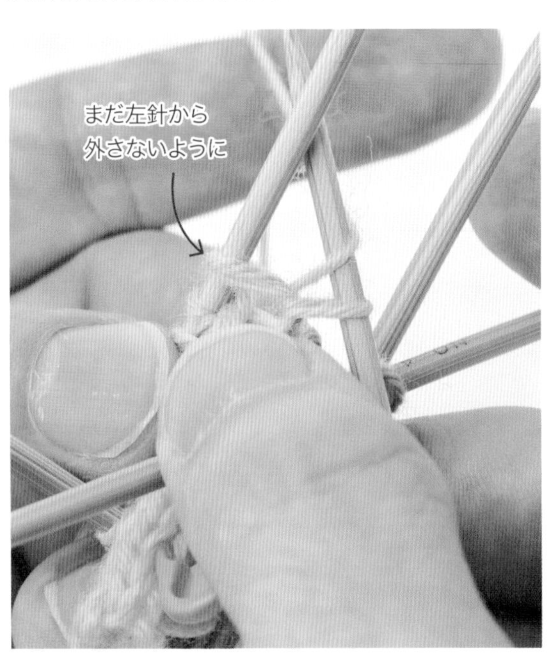

17 左針の目は外さずにかけ目を編みます。

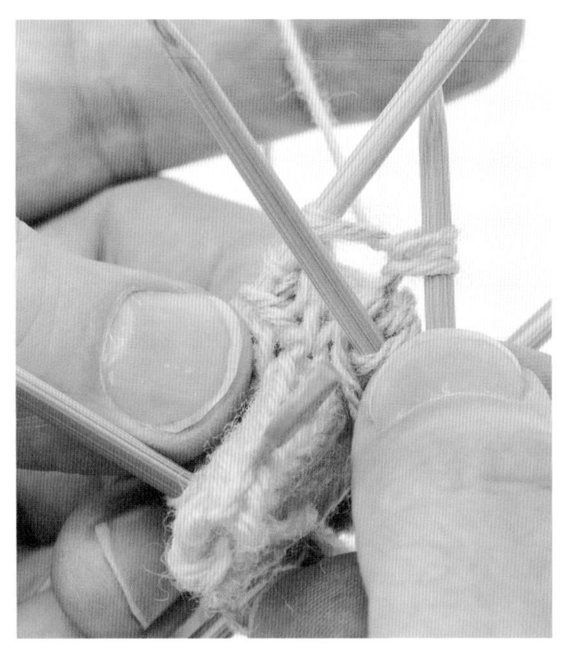

18 表目で編みます。

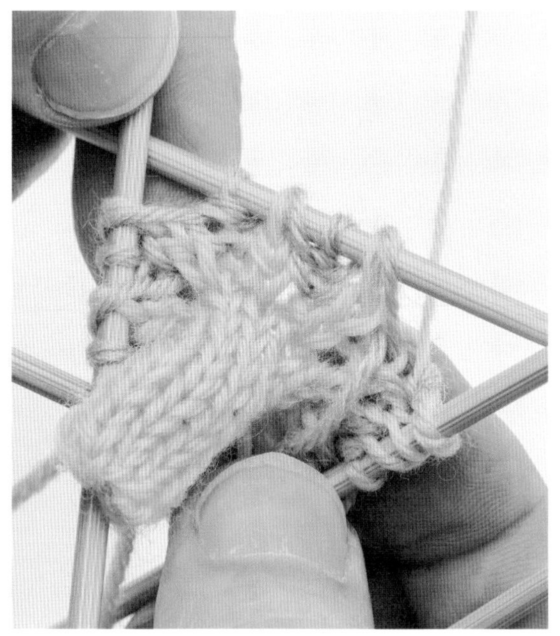

15 5段目はA糸に持ち替えます。

16 1目めを表目で編みます。

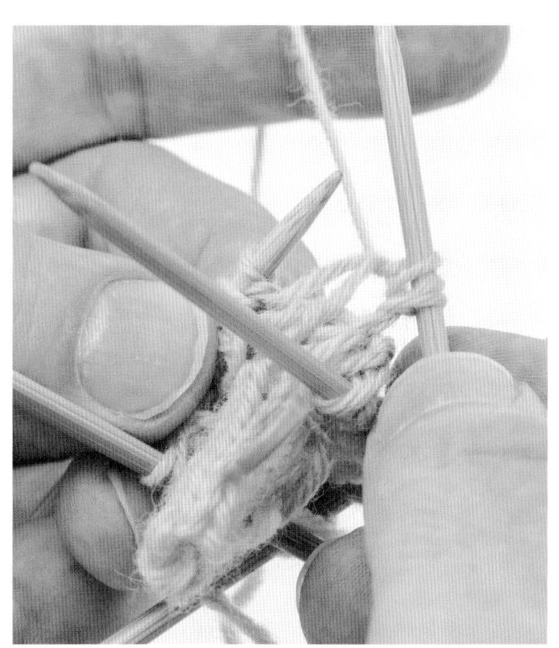

19 左針の目を外します。

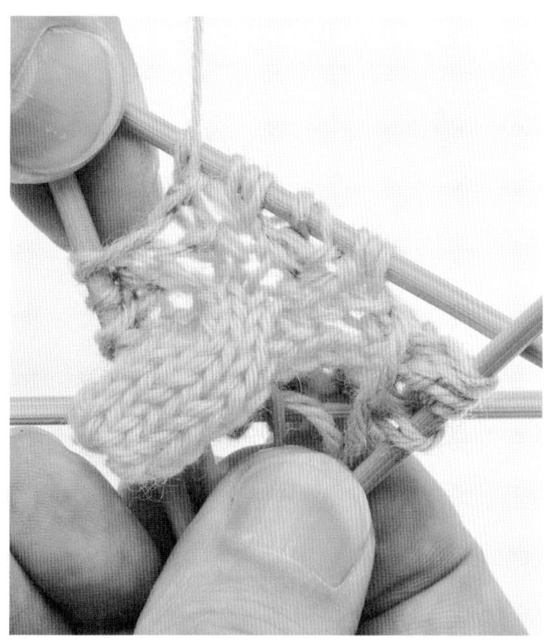

20 次の目はかけ目をして、すべり目で編みます。**16**〜**20**をくり返します。

21 6段目まで編んだところ。

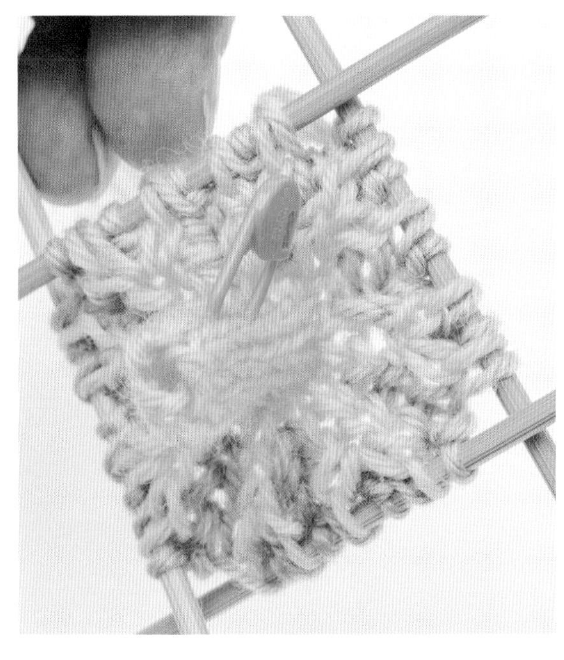

22 8段目まで編んだところ。

23 編み図のとおりに、4段ごとに増し目をしながら編みます。

※続きは、P.110のベレー風ニット帽、
P.114のビーニーの編み図9段目以降を参照。

Brioche knitting items

ブリオッシュ編みの作品集

スヌードやケープ、帽子など
輪針を使った筒状に編む作品を紹介します。
まずは基本の編み方でショート丈の
スヌードにチャンレンジしてみましょう。

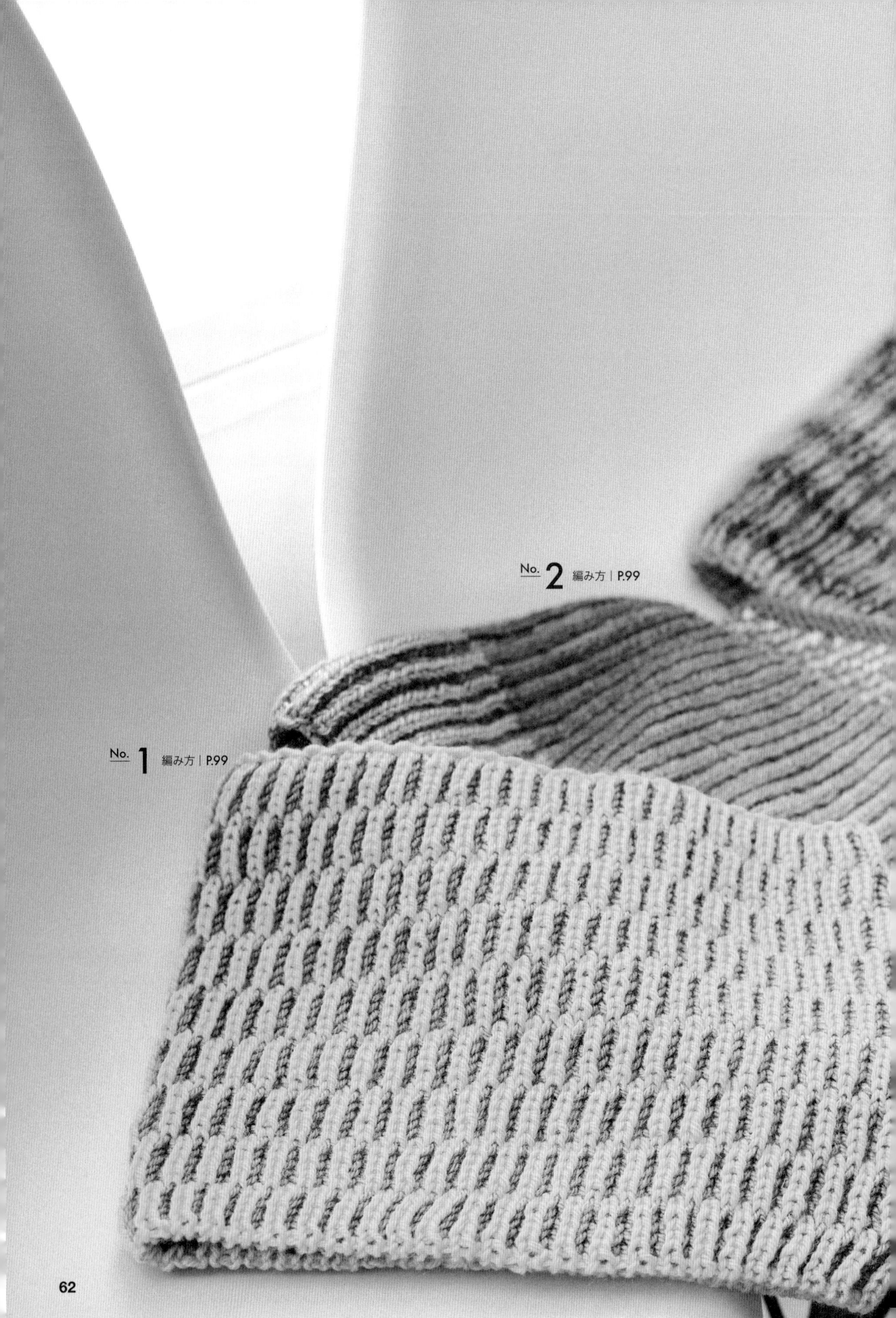
No. 2 編み方 | P.99
No. 1 編み方 | P.99

No. 5 編み方 | P.101

No. 4 編み方 | P.100

No. 3 編み方 | P.100

Practice snood Part1

ベーシックな編み地の初心者向けスヌードコレクション。長さはお好みで、まずはここから始めてみましょう。

No. 6 編み方 | P.102

No. 7 編み方 | P.119

No. 8 編み方 | P.104

Practice snood
Part2

ベーシックなスヌードをマスターしたら、少し難易度の高いものにチャレンジ。エレガントな模様の編み地を集めました。

No. 9 編み方 | P.106

No. 10 編み方 | P.108

No. 11 編み方 | P.101

No. 5

Fisherman's rib
フィッシャーマンズリブスヌード

ブリオッシュ編みと編み地はそんなに変わらないのに、編み方はさらにシンプル。イギリスゴム編みをベースにしたアレンジ版です。

編み方 | P.101

No. 4

Basic
ベーシックスヌード

段染め糸で編む、ベーシックなスヌード。段ごとに糸を替える必要がないので、ブリオッシュ編みのデビュー作品におすすめ。

編み方 | P.100

No. 8

Sea wave
波柄スヌード

Sea wave＝海の波を表現した編み地。シックな色味でも、模様が際立つのでコーディネートのアクセントになります。

編み方｜P.104

No. 11

Stripes
ストライプスヌード

単色糸と段染め糸を組み合わせたストライプ模様のスヌード。グラデーションのニュアンスを楽しむデザインです。

編み方｜P.101

No. 12

Beret
ベレー風ニット帽

トップから編み目を増やしながら編むベレー風の帽子。後ろから見ると増し目が風車のように美しい模様になって現れます。

編み方｜P.110

Beanie collection

すべてトップから増し目をしながら編むニット帽。最初はNo.**13**や**14**のようなショート丈のものから作ってみましょう。

No. 15 編み方 | P.112

み方 | P.110

No. 13 編み方 | P.109

No. 16 編み方 | P.113

No. 14 編み方 | P.114

No. 15

Beanie
ビーニー

チョコミントのような配色がかわいいニット帽。少し深めのデザインなので、かぶり口を折ってかぶるのもおすすめです。

編み方｜P.112

No. 16

Flare cape
フレアーケープ

No.**15**のニット帽子とお揃いのケープ。裾がフレアー状になっているので、エレガントなコーディネートにも合います。

編み方｜P.113

No. 17

Long cross
ロングクロススヌード

クロス状になった2本のスヌード。
そのままラフに首にかけてもいいし、
二重にして巻くと4種類の編み地
を楽しめます。

編み方｜P.115

No. 18

Classic shale
クラシックショール

リーフ模様のような編み地が印象的なショール。たっぷりとボリュームがあるので、コートの上に羽織っても決まります。

編み方｜P.116

No. 19

Chevron
シェブロンスヌード(ロング)

シェブロン模様のスヌード。二重にして首に巻いたときのボリューム感がほどよく、どんなコーディネートにも合わせやすいのがポイント。

編み方 | P.118

No. 20

Sea wave
波柄スヌード

No.**8**よりも小さめの海の波柄。A糸をグラデーションに、B糸を単色にすることでニュアンスの違いを楽しめます。

編み方 | **P.120**

A thread side

B thread side

No. 6

Flower
花柄スヌード

花柄のスヌード。A糸は1色、B糸は2色にすることで、3パターンのカラーバリエーションを表現することができます。

編み方 | P.102

No. 21

Leaf
リーフ柄ヘアバンド

小ぶりなリーフ柄がインパクト十分。
少し幅を長めにして存在感を出すことで、コーディネートのアクセントに。

編み方 | P.122

No. 22

Wallclock
時計

トップから編むニット帽の編み方で作るインテリア時計。お好みでフェルトやプラスチックで数字をつけると、実用性がアップ。

編み方 | P.124

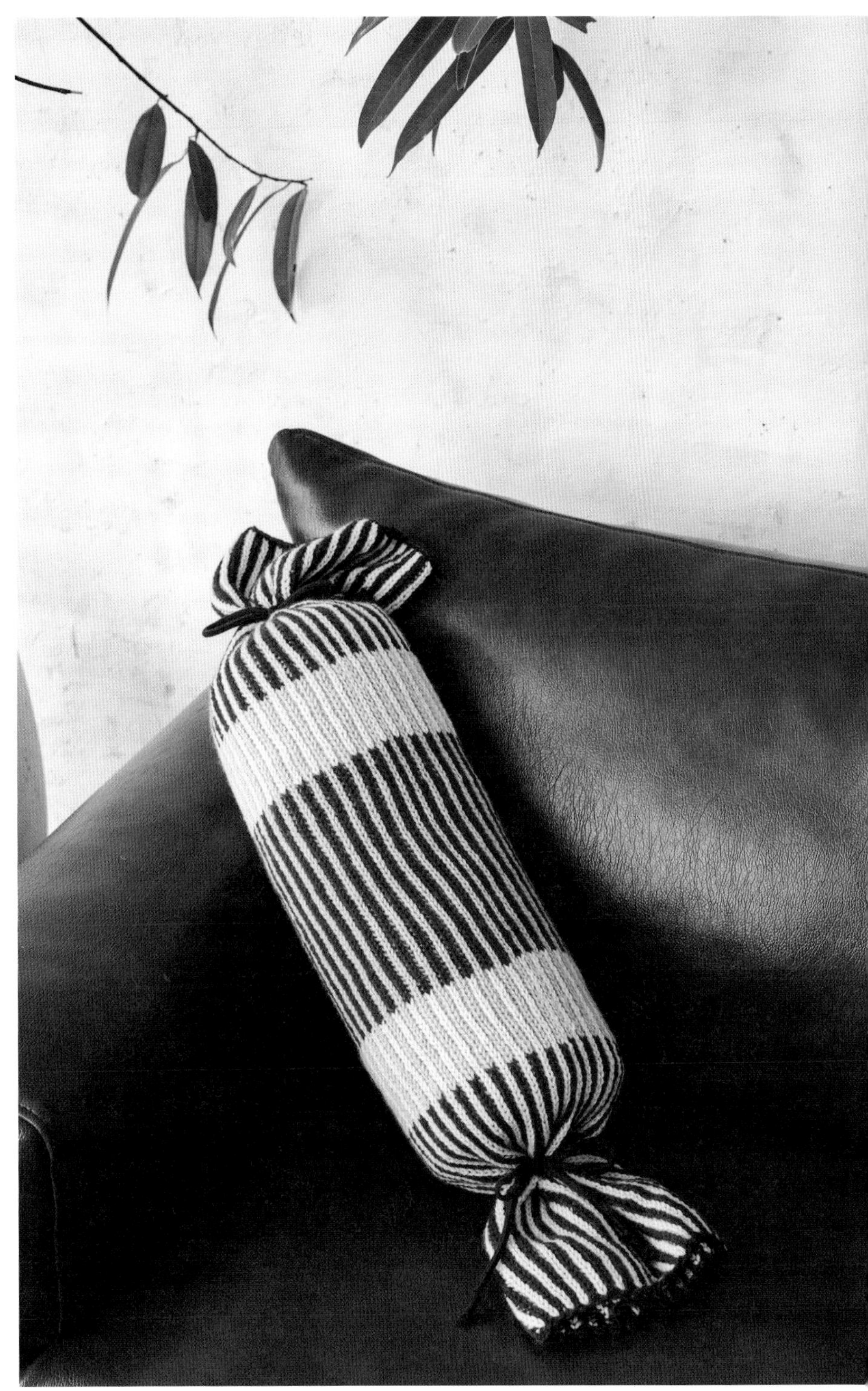

No. 23

Candy cussinon
キャンディ型クッション

糸3色を組み合わせたクッション。片面だけとじれば、ロングタイプのピローケースとしても活躍しそうです。

編み方｜P.126

No. 24

Flare cape
フレアーケープ

No.**16**の9目の増し目に対し、こちらは5目の増し目。より細かいフェミニンなフレアーがお好みならこちらがおすすめ。

編み方 | **P.127**

No. 2

Half and half
ハーフアンドハーフスヌード

A糸とB糸を途中から入れ替えて編むスヌード。リバーシブル感を一面で見せるユニークな編み地が特徴です。

編み方 | **P.99**

Happy Knitting :)

How to make

ブリオッシュ編み作品の作り方

< 編み図の見方 >

編み図は使用糸の色に近づけています。基本的に奇数段はA糸、偶数段はB糸ですが、一部イレギュラーの作品もあるのでしっかり編み図を見ながら編みましょう。詳しくはP.9をご覧ください。

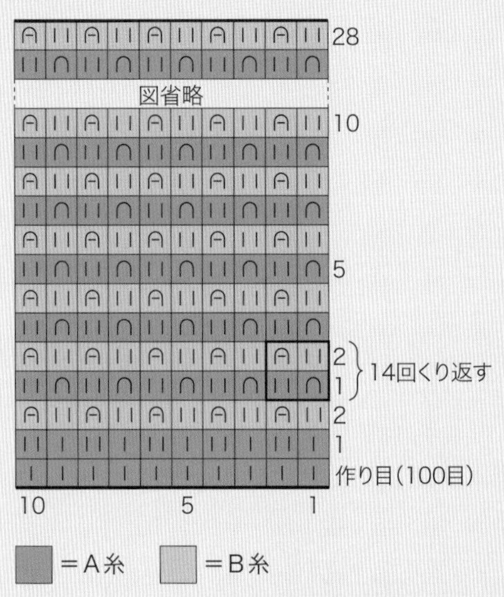

< 使用する編み記号 >

本書で使う編み方は、基本の表目、裏目を含め全部で11種類。詳しくは、P.14〜をご覧ください。

表目

裏目

かけ目 すべり目

イギリスゴム表編み

イギリスゴム裏編み

左上3目一度

右上3目一度

1目を2目に増し目

3目の編み出し増し目

5目の編み出し増し目

9目の編み出し増し目

No.1 Teardrops／ティアドロップスヌード P.62

[糸] リッチモア　パーセント　A:オレンジ(102) 40g、B:ブルーグレー(24)40g
[針] 輪針５号、とじ針
[ゲージ] 模様編み16目×47段＝10cm
[仕上りサイズ] 図参照

[作り方]
①A糸で作り目100目を編み、B糸と交互に編み図のとおりに、100段編む。
②編み終わりは、とじ針を使って１目ゴム編み止めにする。

No.2 Half and half／ハーフアンドハーフスヌード P.62、94

[糸] ショッペル　Zauberwolle　Yellow Filter(2306) 100g
[針] 輪針3号、とじ針
[ゲージ] 模様編み18目×47段＝10cm
[仕上りサイズ] 図参照

[作り方]
A糸は毛糸玉の外側から取り、B糸は毛糸玉の内側から取ります。
①A糸側で作り目110目を編み、編み図のとおりに118段編む。
②編み終わりは、とじ針を使って１目ゴム編み止めにする。

No.1

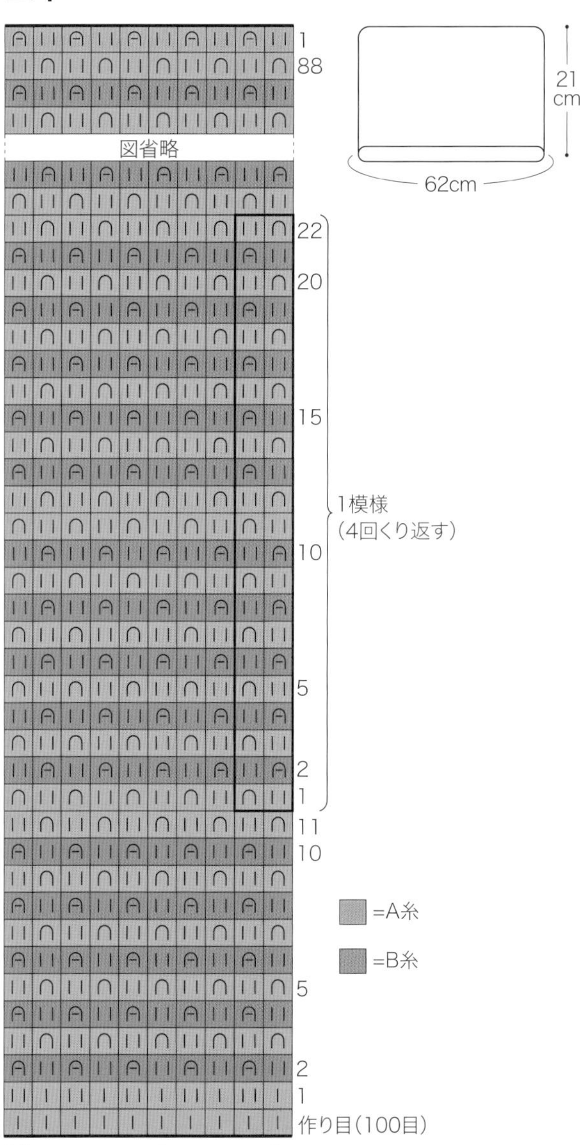

No.2

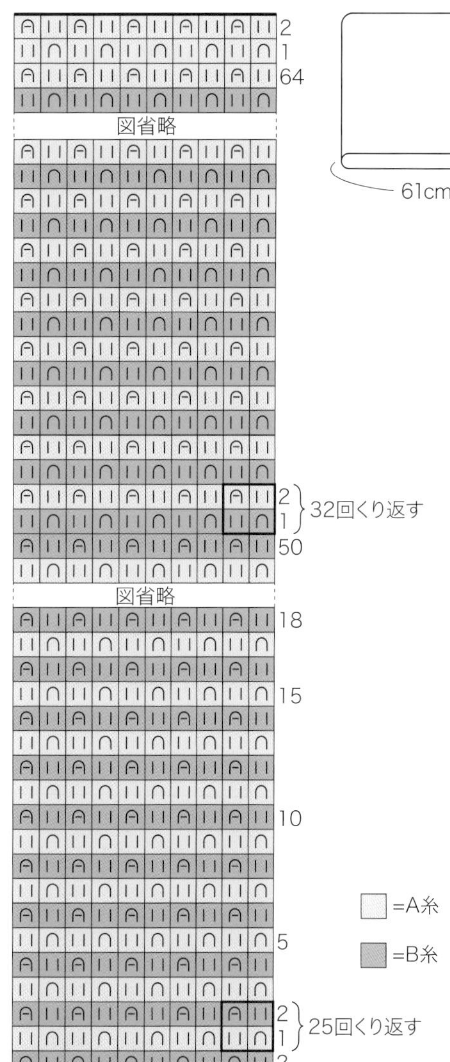

No. 3 Pearl brioche ／パールブリオッシュスヌード

P.63

[糸] リッチモア　パーセント　A:アイボリー(3) 40g、B:水色(111)40g
[針] 輪針5号、とじ針
[ゲージ] 模様編み18目×49.5段＝10cm
[仕上りサイズ] 図参照

[作り方]
①A糸で作り目122目を編み、B糸と交互に編み図のとおりに、109段編む。
②編み終わりは、編みながら伏せ止めにする。

No. 4 Basic ／ベーシックスヌード

P.63、67

[糸] リッチモア　バカラ・エポック　黒系(214)80g
[針] 輪針7号、とじ針
[ゲージ] 模様編み15目×36.5段＝10cm
[仕上りサイズ] 図参照

[作り方]
①作り目100目を編み、編み図のとおりに、62段編む。
②編み終わりは、とじ針を使って1目ゴム編み止めにする。

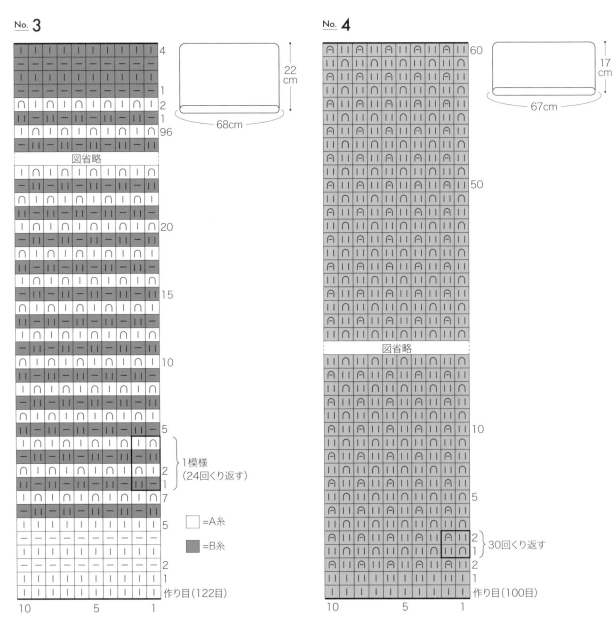

No. 3

22cm
68cm

図省略

1模様
(24回くり返す)

□=A糸
■=B糸

作り目(122目)

10　5　1

No. 4

17cm
67cm

図省略

30回くり返す

作り目(100目)

10　5　1

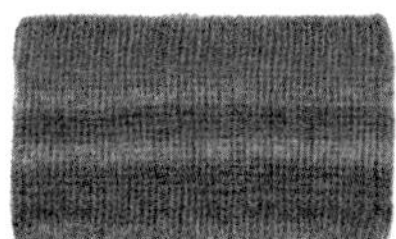

No. 5 Fisherman's rib ／フィッシャーマンズリブスヌード P.63、66

[糸] リッチモア　バカラ・エポック　赤系(263)80g
[針] 輪針７号、とじ針
[ゲージ] 模様編み19目×36段＝10cm
[仕上りサイズ] 図参照

[作り方]
①作り目120目を編み、編み図のとおりに、61段編む。
②編み終わりは、とじ針を使って１目ゴム編み止めにする。

No. 11 Stripes ／ストライプスヌード P.65、70

[糸] ヤナギヤーン　A:幸(Sachi)若菜(7)100g、ショッペル　B:Zauber Perlen　Bass(2417)100g
[針] 輪針２号、とじ針
[ゲージ] 模様編み22目×64.5段＝10cm
[仕上りサイズ] 図参照

[作り方]
B糸*はいちばん濃い色のミニボールから使い、1柄ごとに順番に色を替えて編みます。
①A糸で作り目130目を作り、B糸と交互に編み図のとおりに、194段編む。
②編み終わりは、とじ針を使って１目ゴム編み止めにする。

*B糸は7色のグラデーションのミニボールで構成された糸。

No. 5

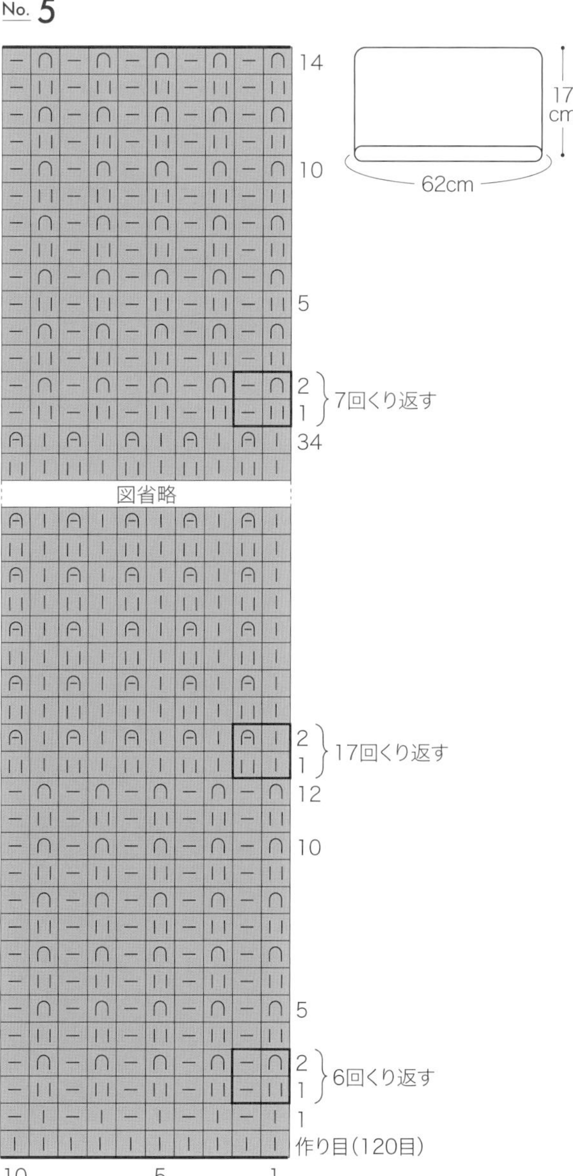

No. 11

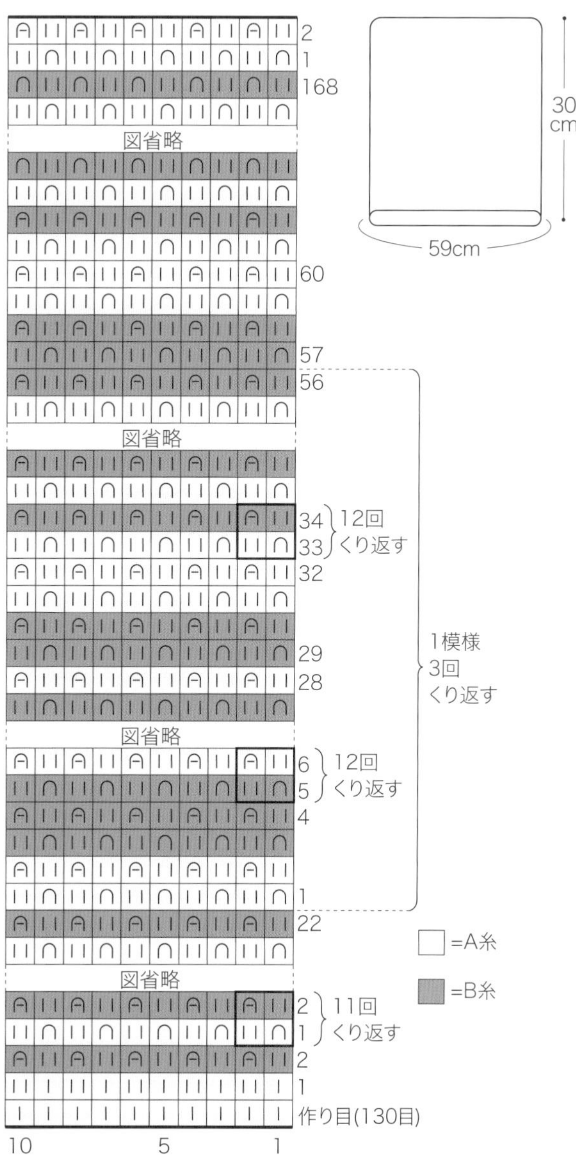

No.6 Flower／花柄スヌード

P.64、87

[糸] リッチモア　スペクトルモデム　A:オレンジ(27) 80g、B-1:濃グレー(56)40g　B-2:薄グレー(57) 30g

[針] 輪針８号、とじ針

[ゲージ] 模様編み21目×34段＝10cm

[仕上りサイズ] 図参照

[作り方]

①A糸で作り目126目を作り、B-1糸と交互に増し目と減らし目をしながら56段編み、以降はB-2糸に替えて編み図のとおりに、40段編む。

②編み終わりは、とじ針を使って1目ゴム編み止めにする。

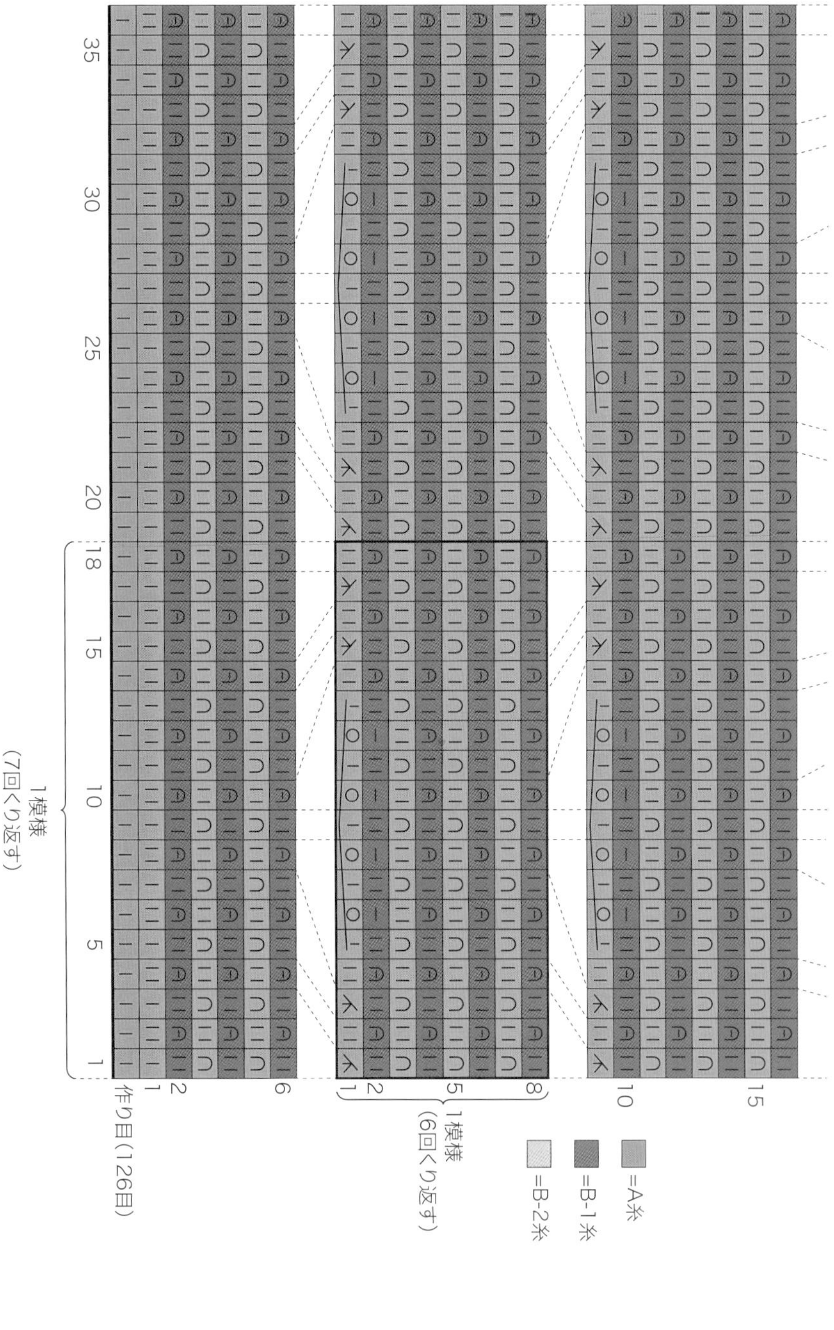

1模様（7回くり返す）

作り目（126目）

1模様（6回くり返す）

□=A糸
□=B-1糸
□=B-2糸

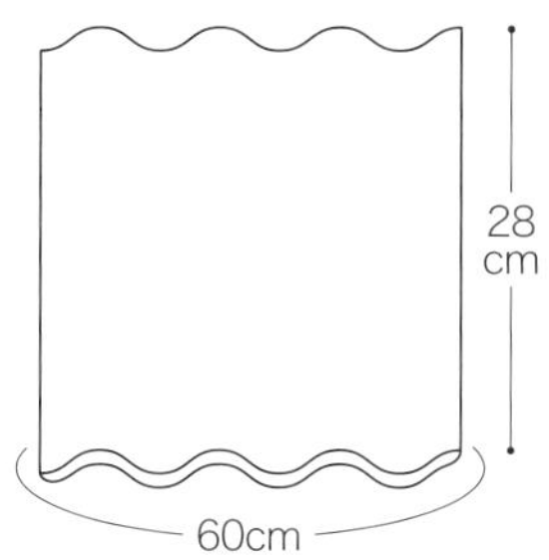

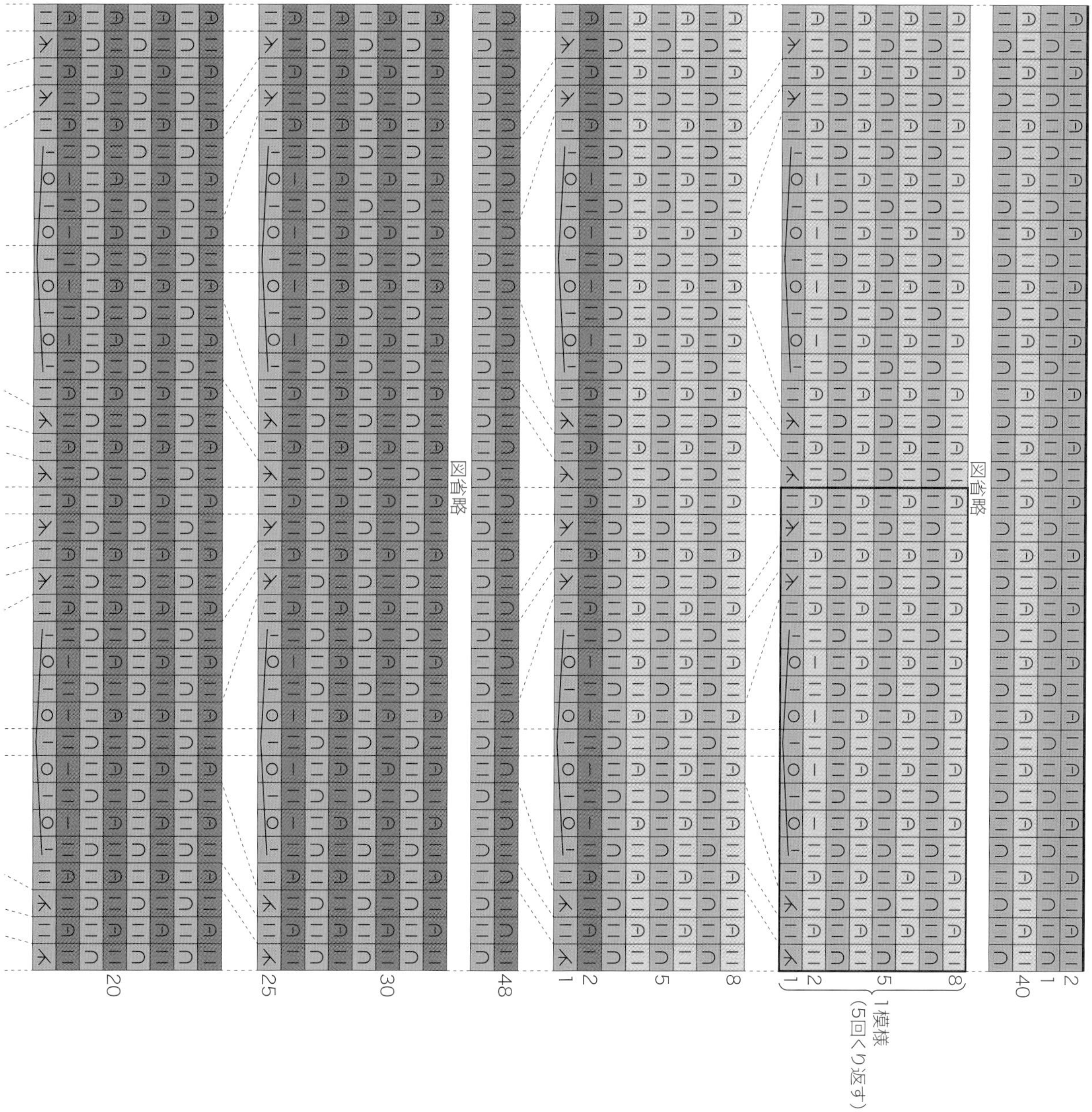

図省略

図省略

20
25
30
48
1 2 5 8
1 2 5 8
1模様
(5回くり返す)
40 1 2

No.8 Sea wave／波柄スヌード

P.64、68

[糸] ヤナギヤーン　Bloom　A:ピンク(21)40g、B:グレー(14)40g

[針] 輪針５号、とじ針

[ゲージ] 模様編み18目×42.5段＝10cm

[仕上りサイズ] 図参照

[作り方]

①A糸で作り目100目を作り、B糸と交互に増し目と減らし目をしながら編み図のとおりに、108段編む。

②編み終わりは、とじ針を使って１目ゴム編み止めにする。

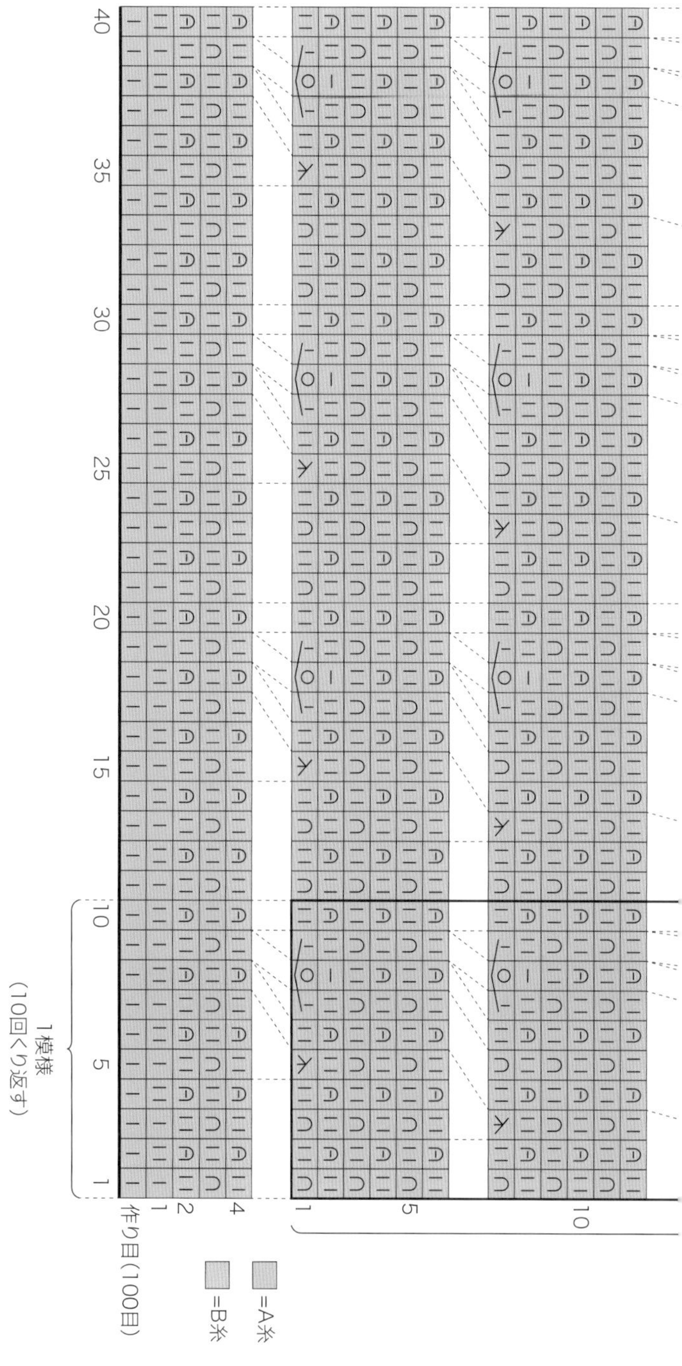

1模様（10回くり返す）

作り目（100目）

=A糸

=B糸

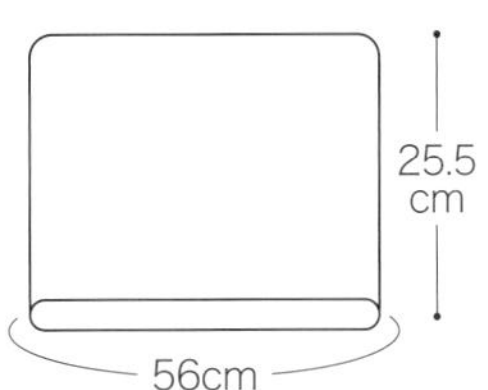

図省略

15 20 25 30 34 35 102 1 2

1模様 (3回くり返す)

No.9 Leaf／リーフ柄スヌード

P.65

[糸] リッチモア　パーセント　A:黄緑(109)40g、
B:アイボリー(3)40g

[針] 輪針５号、とじ針

[ゲージ] 模様編み23目×42段＝10cm

[仕上りサイズ] 図参照

[作り方]

①A糸で作り目120目を作り、B糸と交互に増し目と減らし目をしながら編み図のとおりに、84段編む。

②編み終わりは、とじ針を使って1目ゴム編み止めにする。

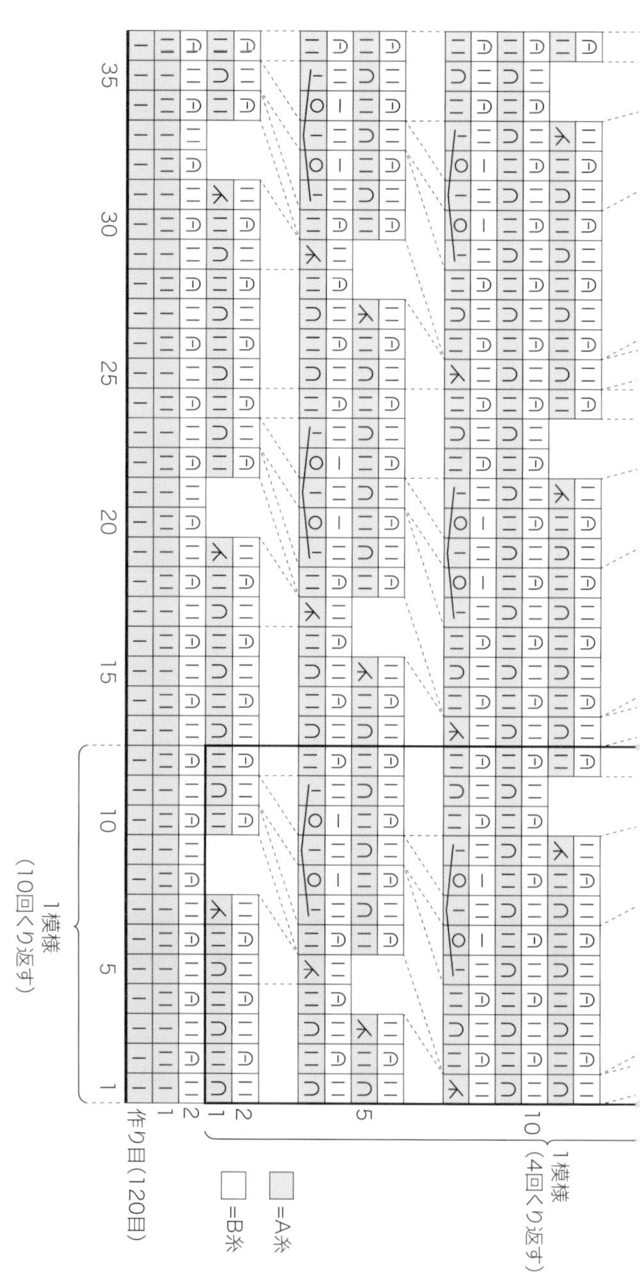

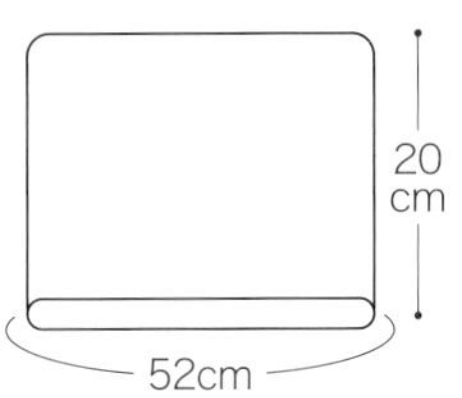

図省略

15 20 25 30 35 40 80 1 2

No. 10 Chevron／シェブロンスヌード（花柄）

P.65

[糸] リッチモア　パーセント　A:黒(90)40g、B:薄グレー(121)40g

[針] 輪針5号、とじ針針

[ゲージ] 模様編み25.5目×44.5段＝10cm

[仕上りサイズ] 図参照

[作り方]

①A糸で作り目144目を作り、B糸と交互に増し目と減らし目をしながら編み図のとおりに、80段編む。

②編み終わりは、とじ針を使って1目ゴム編み止めにする。

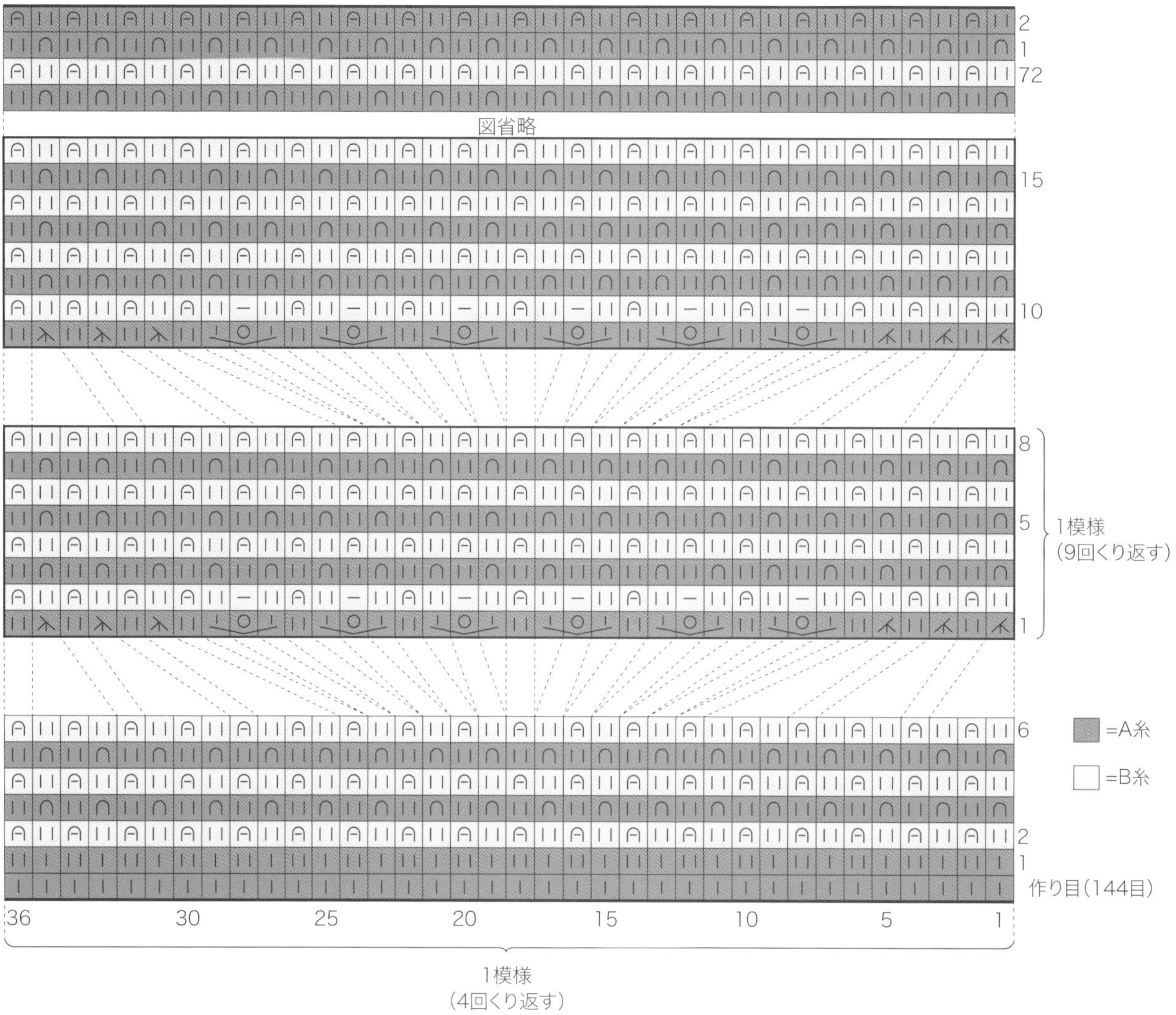

2
1
72

図省略

15

10

8

5

1模様
(9回くり返す)

1

6

2

1

作り目(144目)

36　30　25　20　15　10　5　1

1模様
(4回くり返す)

=A糸

=B糸

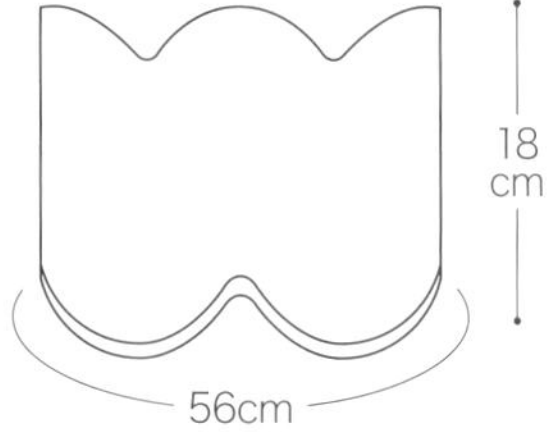

No.13 Beanie／ビーニー

P.74

[糸] リッチモア　パーセント　A:濃ピンク(75)30g、B:水色(108)30g
[針] 輪針５号、短５本針、とじ針
[その他] ハマナカ くるくるボンボン3.5cm
[ゲージ] 模様編み18目×48段＝10cm
[仕上りサイズ] 図参照

[作り方]
①短い棒針を使ってA糸で作り目10目を作り、B糸と交互に増し目をしながら30段目まで編む。以降は輪針に移し、増し目なしで62段編む。
②編み終わりは、とじ針を使って1目ゴム編み止めにする。
③くるくるボンボンにB糸を100回ずつ巻いてボンボンを作り、帽子のトップにつける。

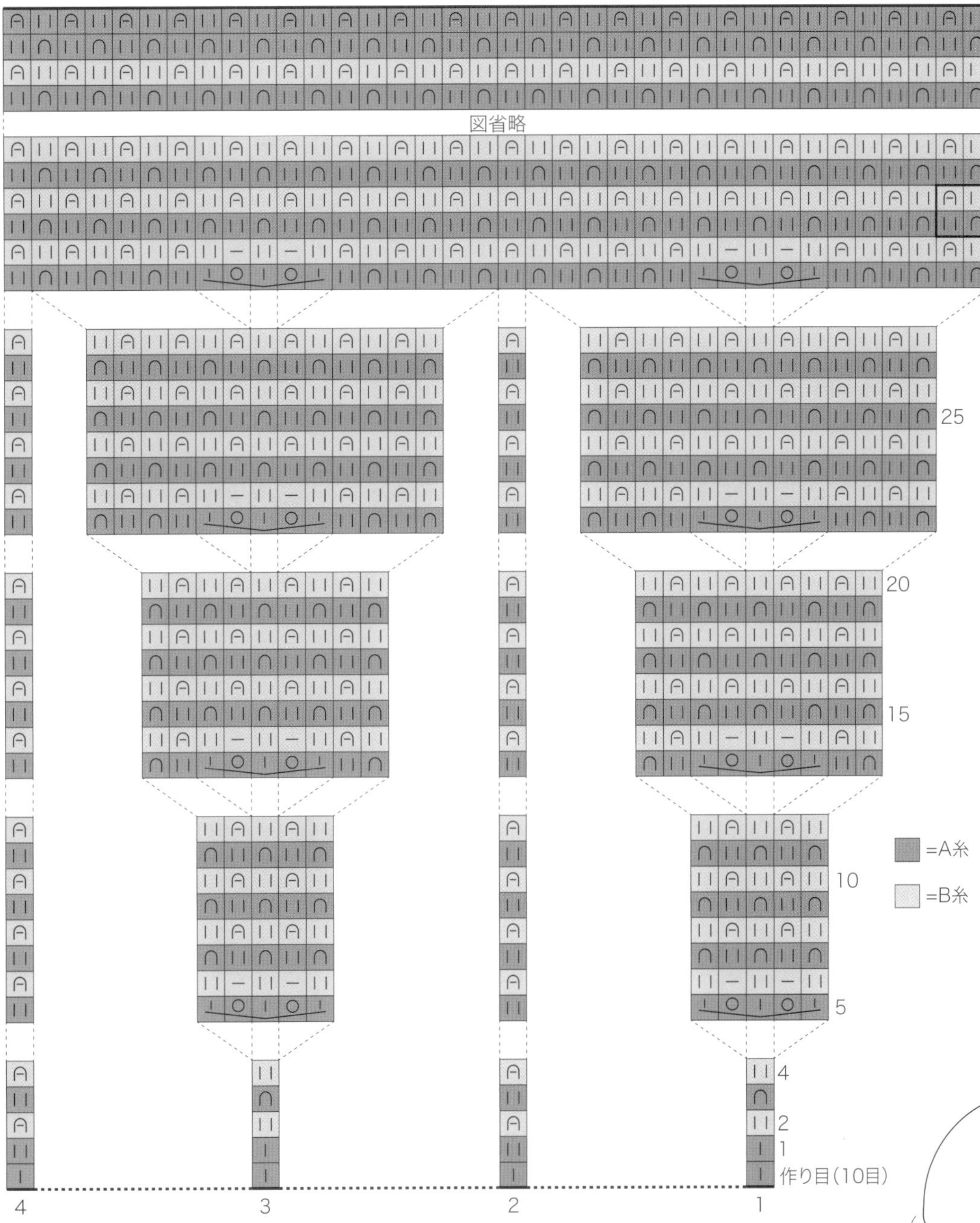

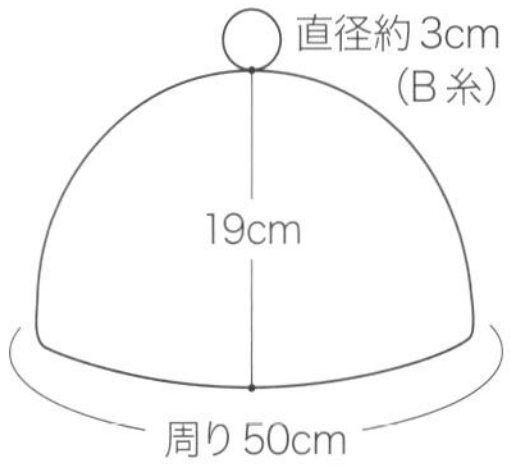

図省略
2、1 30回くり返す
=A糸
=B糸
作り目(10目)
4　3　2　1

直径約3cm(B糸)
19cm
周り50cm

No. 12 Beret／ベレー風ニット帽

P.72-74

[糸] リッチモア　パーセント　A:レンガ色(117) 40g、B:グレイッシュベージュ(125)40g

[針] 輪針５号、短５本針、とじ針

[ゲージ] 模様編み18目×48段＝10cm

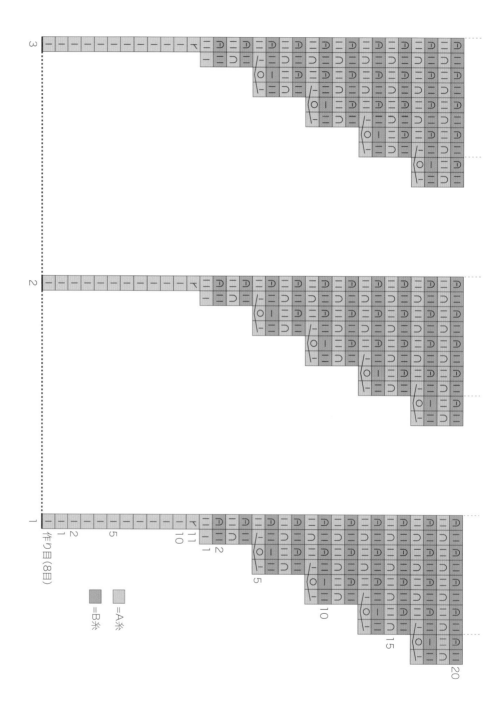

[仕上りサイズ] 図参照

3

2

1

作り目(8目)

1 2 5 10 11

1 2 5 10 15 20

=A糸

=B糸

[作り方]

①短い棒針を使ってA糸で作り目8目を作り、トップの飾りを編む。12段目からはB糸と交互に増し目をしながら30段編む。以降は輪針に移し、増し目なしで52段編む。

②編み終わりは、とじ針を使って1目ゴム編み止めにする。

23cm

3cm
15cm
周り71cm
3.5cm

図省略
25
30
1
2
5
10
15
20
40
42
1
5
10
20回くり返す

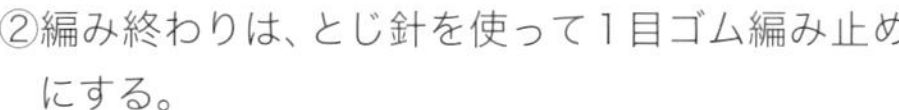

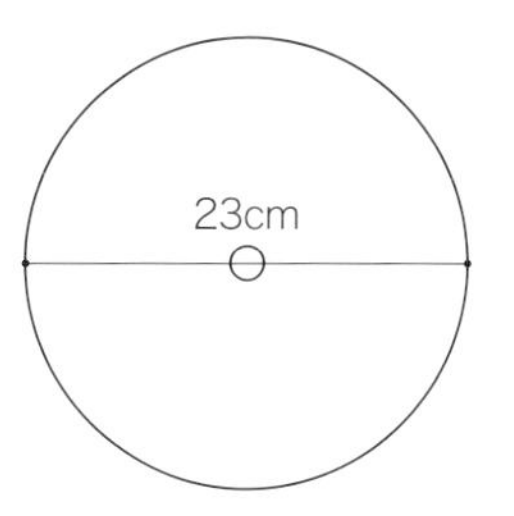

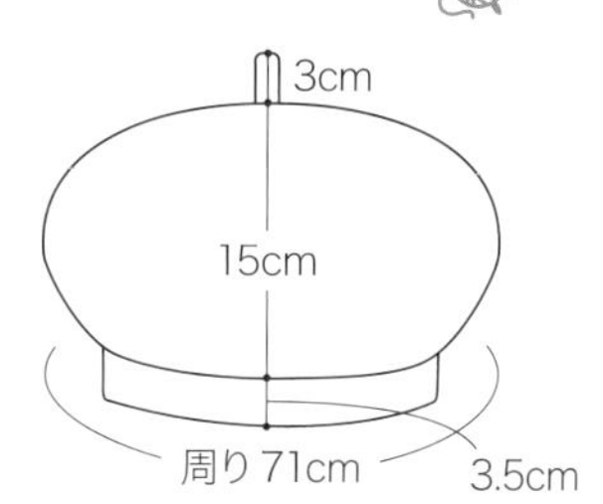

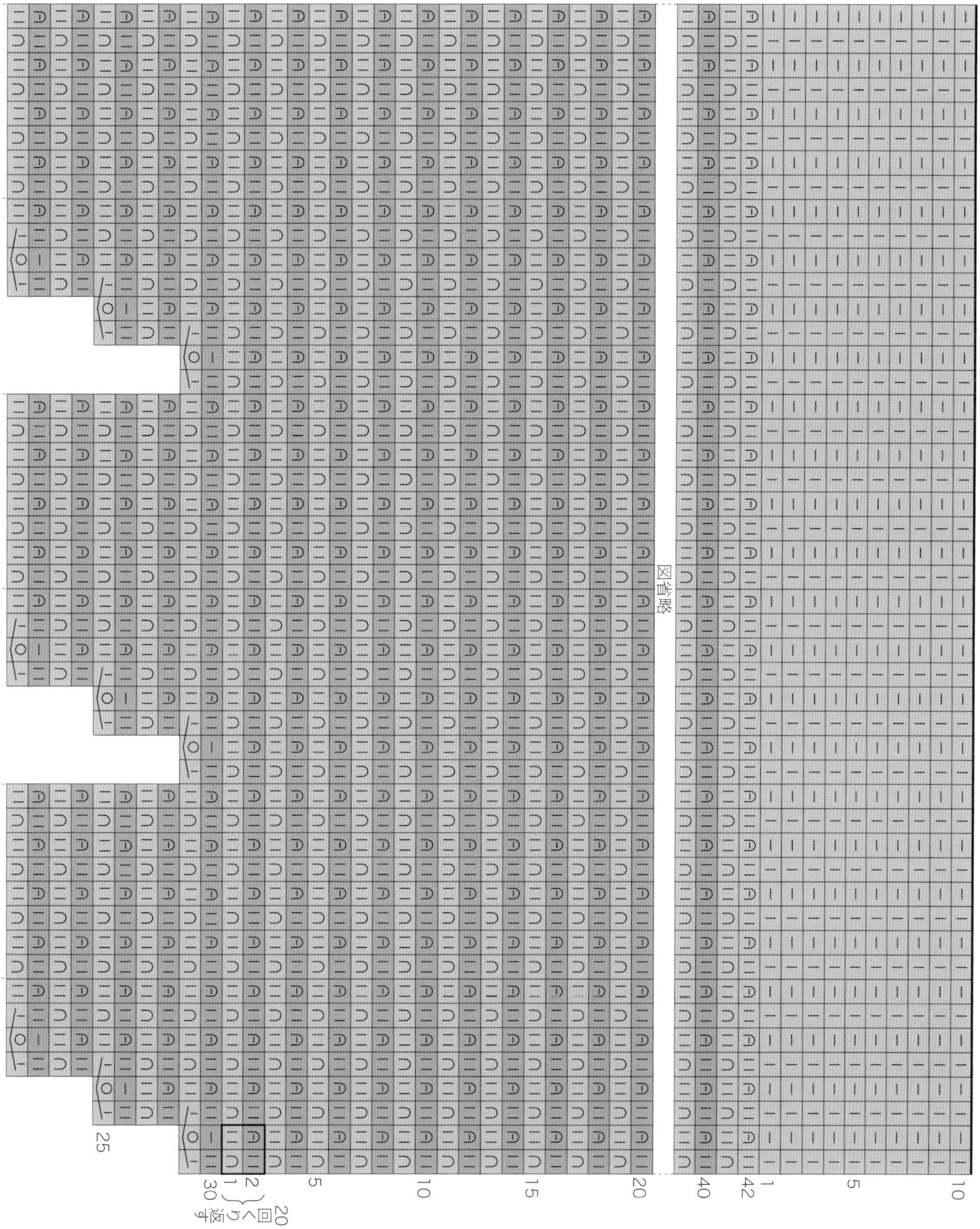

No. 15 Beanie／ビーニー

P.74、76

[糸] ヤナギヤーン　Bloom　A:緑(19)50g、
B:茶(20)50g
[針] 輪針5号、短5本針、とじ針
[その他]ハマナカ くるくるボンボン3.5cm
[ゲージ]模様編み16.5目×45段＝10cm
[仕上りサイズ]図参照

[作り方]
①短い棒針を使ってA糸で作り目6目を作り、B糸と交互に増し目をしながら24段目まで編む。以降は輪針に移し、増し目なしで98段編む。
②編み終わりは、とじ針を使って1目ゴム編み止めにする。
③くるくるボンボンにB糸を100回ずつ巻いてボンボンを作り、帽子のトップにつける。

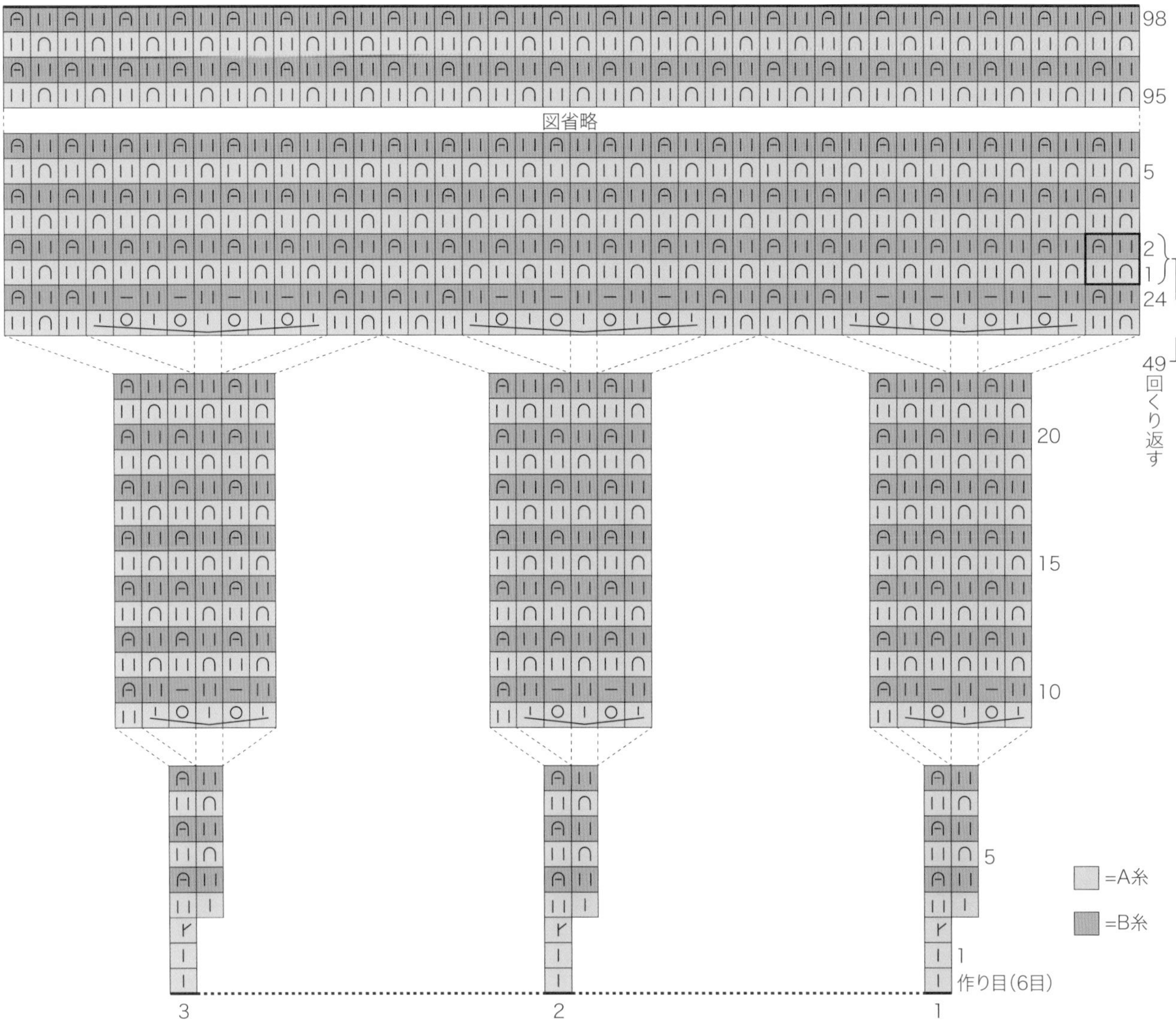

図省略
98
95
5
2
1
24
49回くり返す
20
15
10
5
1
作り目(6目)
3
2
1
□=A糸
■=B糸

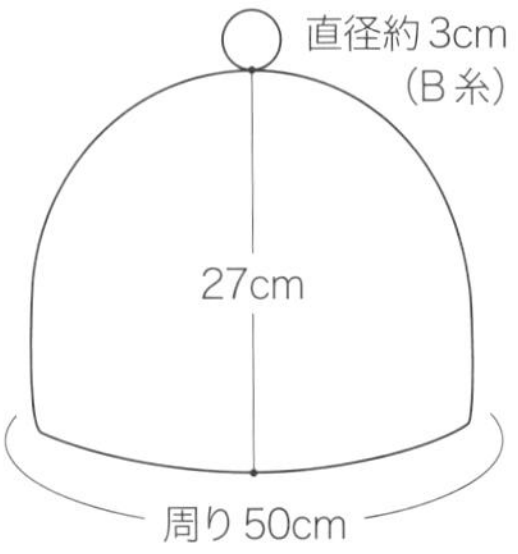

直径約3cm
(B糸)
27cm
周り50cm

No. 16 Flare cape ／フレアーケープ

P.75、77

[糸] ヤナギヤーン　Bloom　A:緑(19)100g、B:茶(20)100g
[針] 輪針５号、とじ針
[ゲージ] 模様編み16.5目×45段＝10cm
[仕上りサイズ] 図参照

[作り方]

①A糸で作り目104目を作り、B糸と交互に増し目をしながら編み図のとおりに、122段目まで編む。以降は増し目なしで22段編む。
②編み終わりは、とじ針を使って1目ゴム編み止めにする。

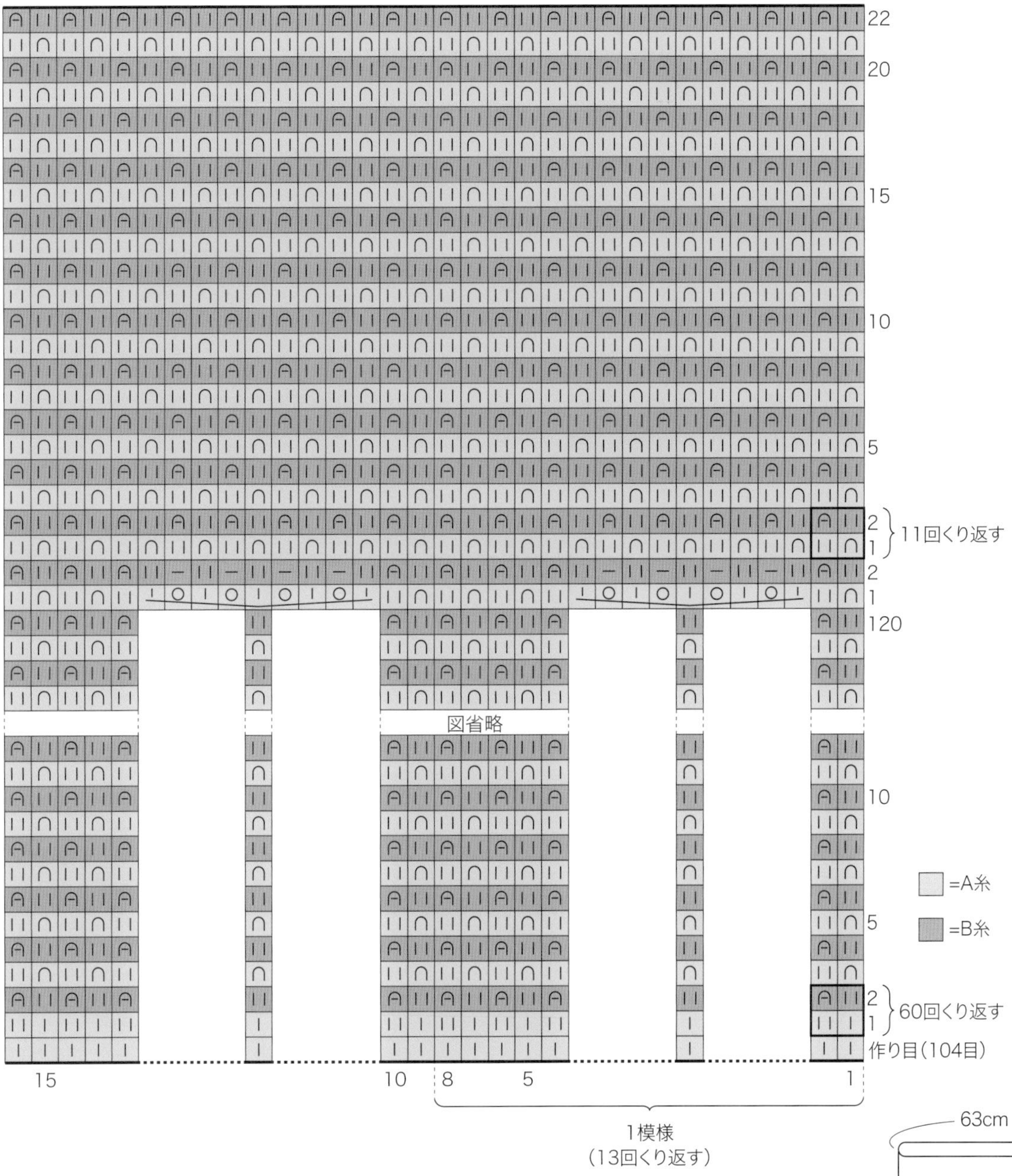

22
20
15
10
5
2
1 } 11回くり返す
2
1
120
図省略
10
5
2
1 } 60回くり返す
作り目(104目)

15　10　8　5　1

1模様
（13回くり返す）

□=A糸
■=B糸

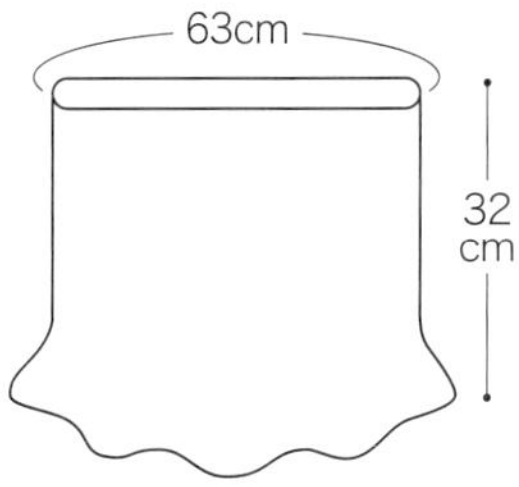

63cm
32cm

No. 14 Beanie／ビーニー

P.75

[糸] リッチモア　パーセント　A:紺(28)40g、B:薄グレー(121)40g
[針] 輪針５号、短５本針、とじ針
[ゲージ] 模様編み18目×46段＝10cm
[仕上りサイズ] 図参照

[作り方]

①短い棒針を使ってＡ糸で作り目８目を作り、トップの飾りを編む。12段目からは、Ｂ糸と交互に増し目をしながら22段編む。以降は輪針に移し、増し目なしで70段編む。

②編み終わりは、とじ針を使って１目ゴム編み止めにする。

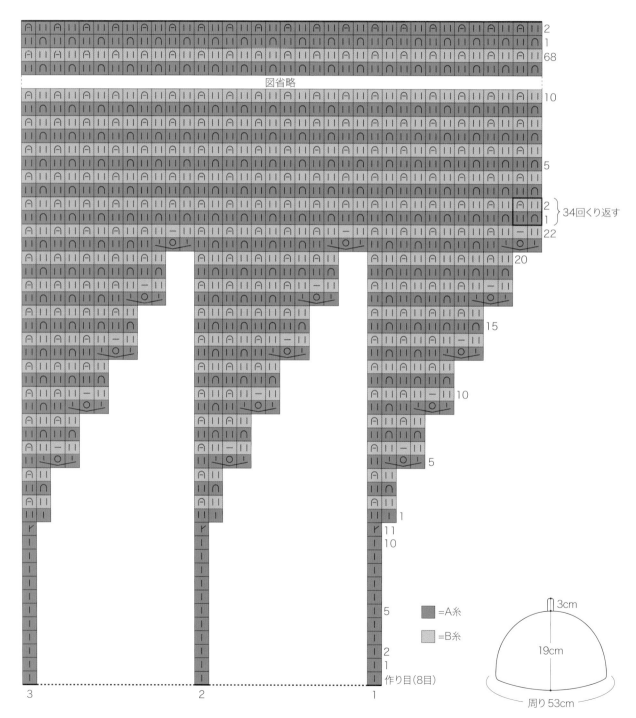

図省略

34回くり返す

作り目(8目)

=A糸

=B糸

3cm

19cm

周り53cm

No. 17 Long cross ／ロングクロススヌード

P.80

[糸] リッチモア　スペクトルモデム
1本目/A:青(33)40g、B:グレー(57)40g
2本目/A:グレー(56)40g、B:赤(31)40g
[針] 輪針8号、とじ針
[ゲージ] 模様編み15目×40段＝10cm
[仕上りサイズ] 図参照

[作り方]
①1本目を編む。A糸で作り目210目を作り、B糸と交互に編み図のとおりに、30段編む。
②編み終わりは、とじ針を使って1目ゴム編み止めにする。
③2本目を編む。A糸で作り目210目を作り、1本目にくぐらせてからわにし、B糸と交互に編み図のとおりに、30段編む。
④編み終わりは、とじ針を使って1目ゴム編み止めにする。

〈1本目〉

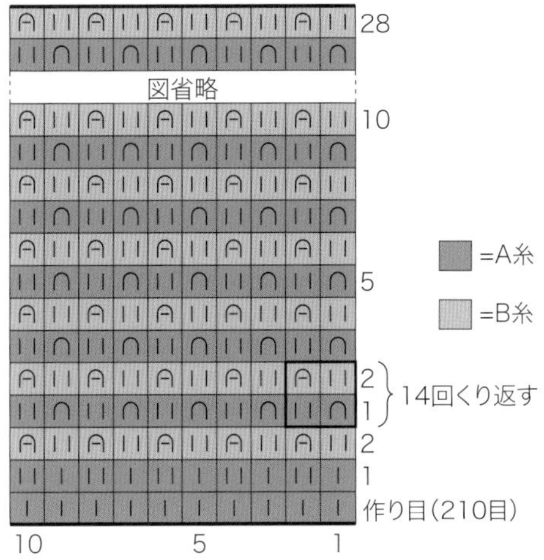

〈2本目〉

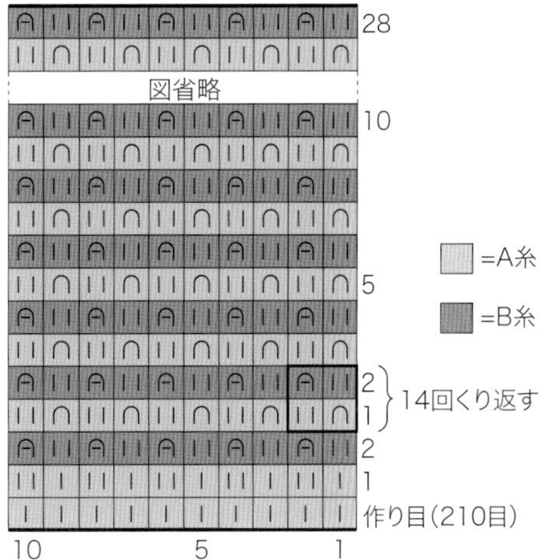

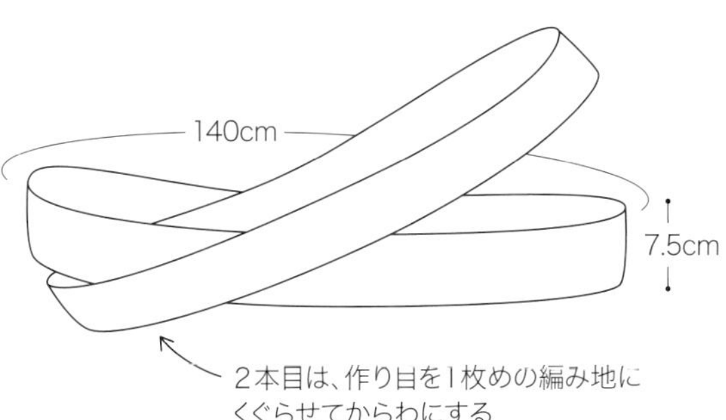

No. 18 Classic shale／クラシックショール

P.82

[糸] リッチモア　スペクトルモデム
A:紫（20）140g、B:アイボリー（2）140g
[針] 輪針８号、とじ針
[ゲージ] 模様編み17目×34段＝10cm
[仕上りサイズ] 図参照

[作り方]
①A糸で作り目120目を作り、B糸と交互に増し目と減らし目をしながら編み図のとおりに、158段編む。
②編み終わりは、とじ針を使って１目ゴム編み止めにする。

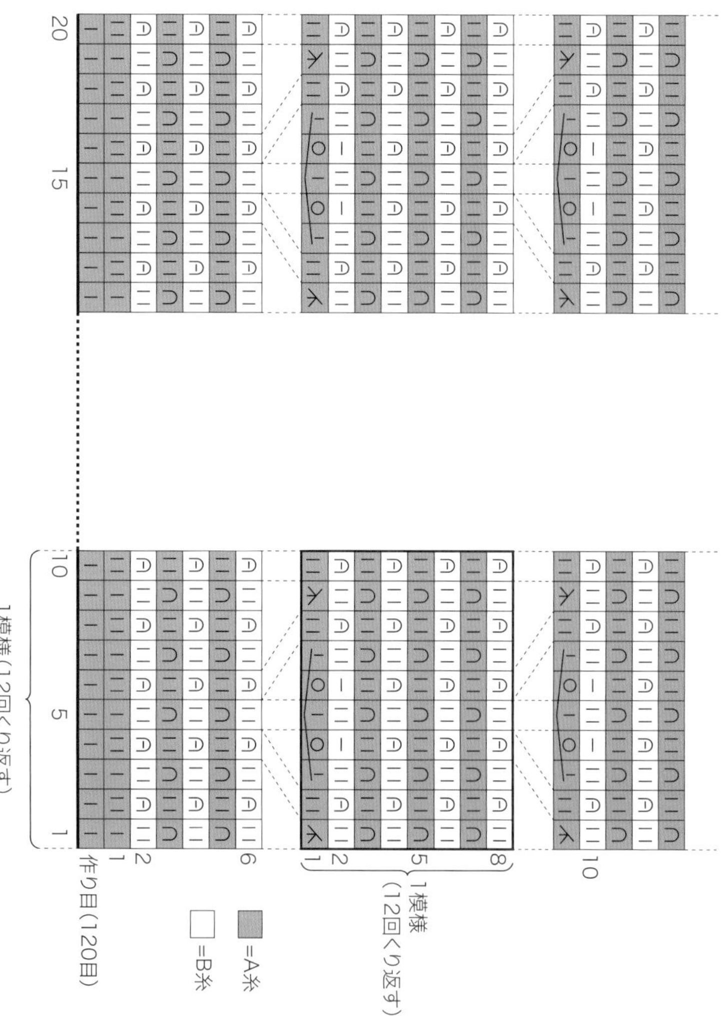

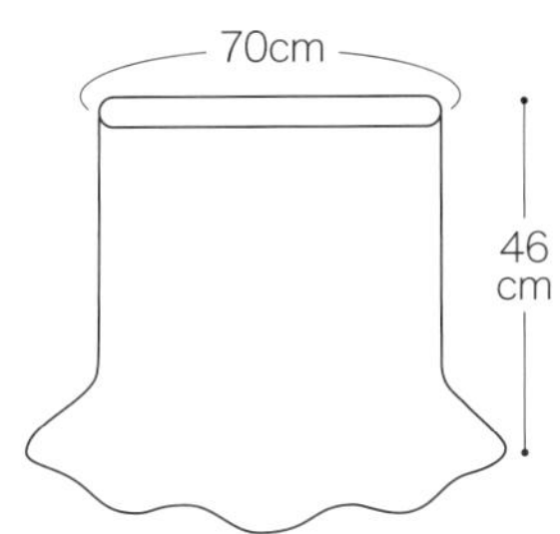

図省略

図省略

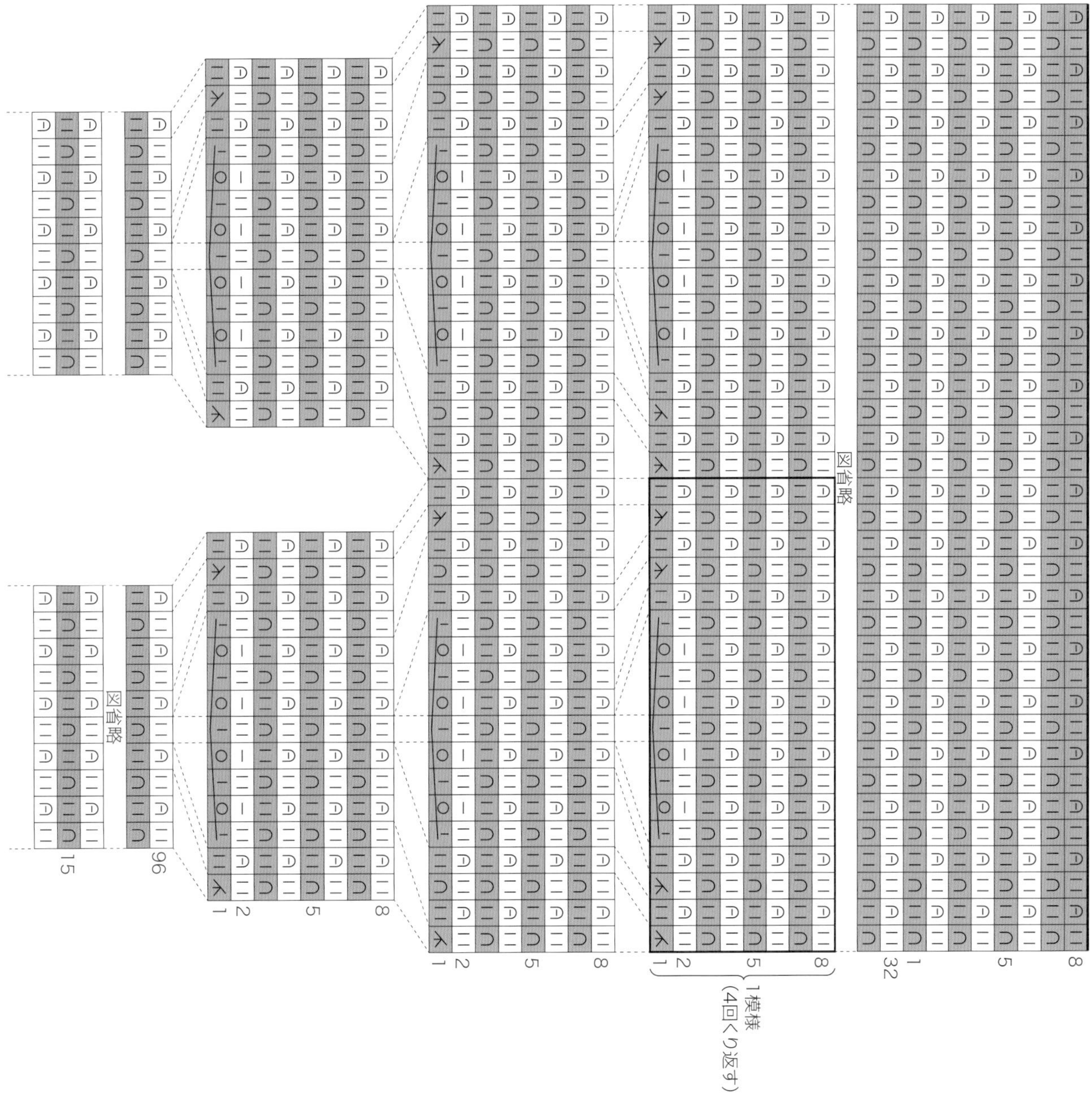

1模様
（4回くり返す）

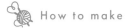

No. 19 Chevron／シェブロンスヌード（ロング）

P.84

[糸] リッチモア　パーセント　A:水色(22)120g、
B:青緑(25)120g
[針] 輪針５号、とじ針
[ゲージ] 模様編み25.5目×46段＝10cm
[仕上りサイズ] 図参照

[作り方]
①A糸で作り目336目を作り、B糸と交互に増し目と減らし目をしながら編み図のとおりに、106段編む。
②編み終わりは、とじ針を使って１目ゴム編み止めにする。

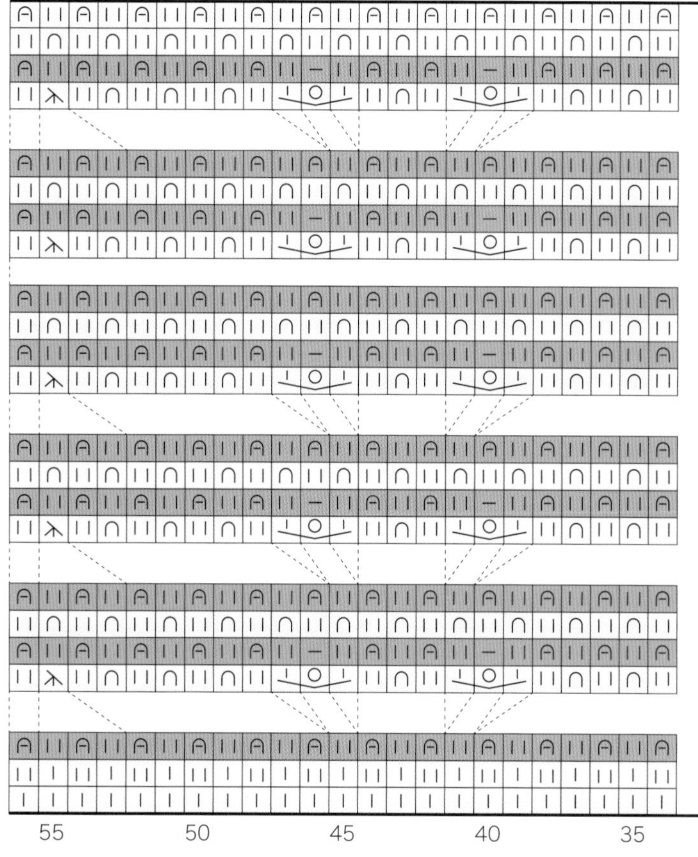

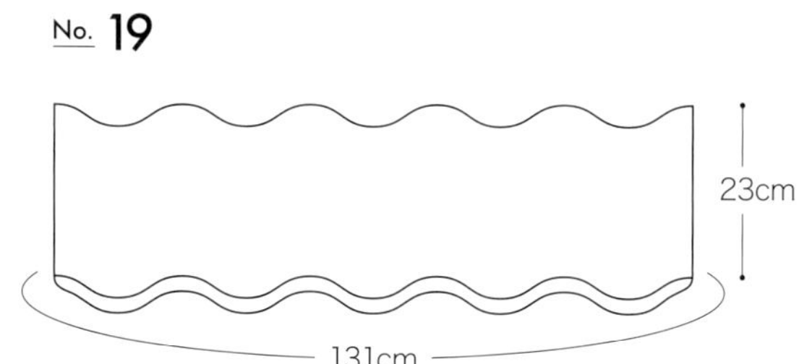

No.7 Chevron／シェブロンスヌード（ショート）

P.64

[糸]リッチモア　A:パーセント　グレー（122）60g、B:バカラ・エポック　ピンク系（267）60g
[針] 輪針６号、とじ針
[ゲージ]模様編み20目×40段＝10cm
[仕上りサイズ]図参照

[作り方]
①A糸で作り目140目を作り、B糸と交互に増し目と減らし目をしながら82段編む（下図参照）。
②編み終わりは、とじ針を使って１目ゴム編み止めにする。

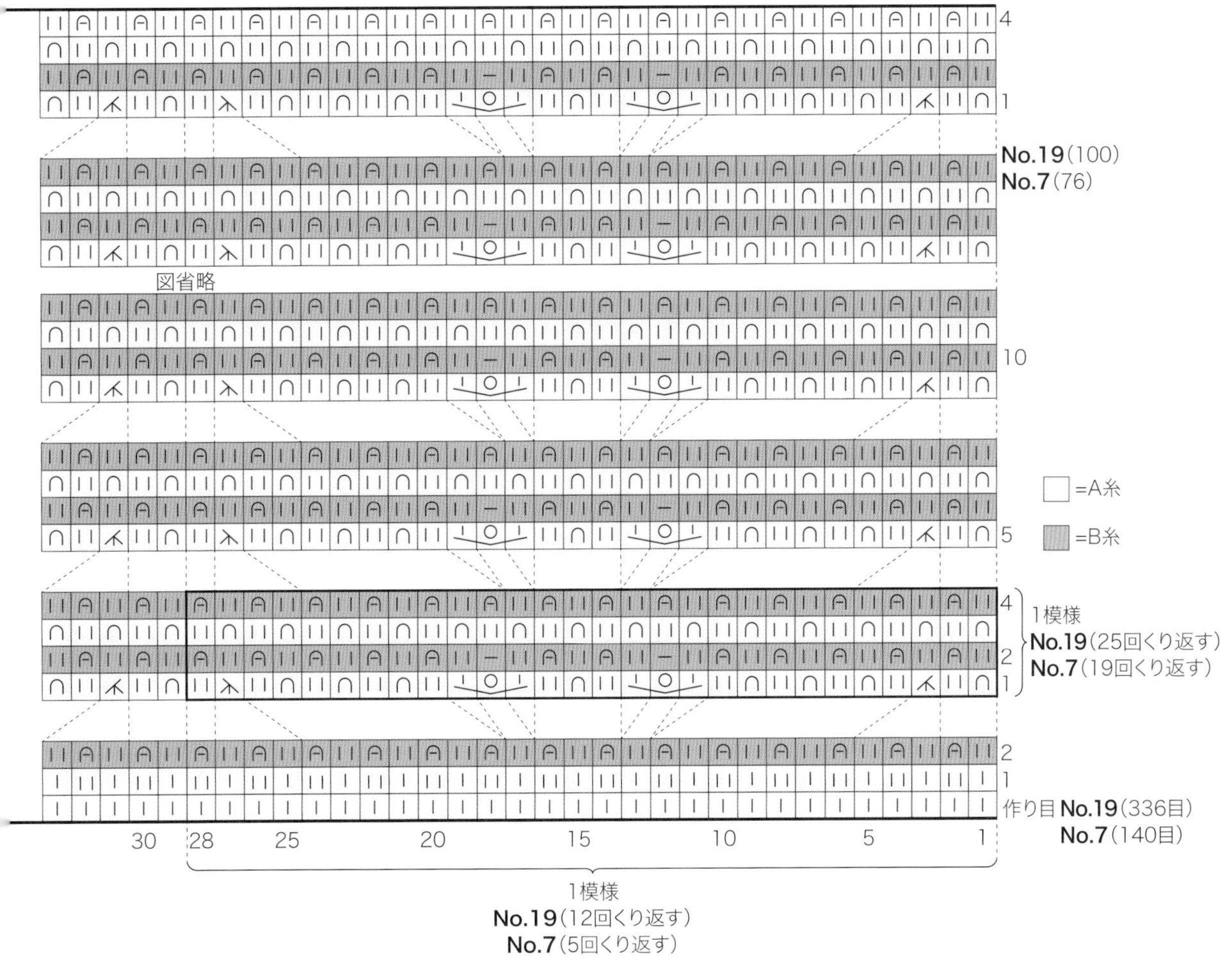

4

1

No.19（100）
No.7（76）

図省略

10

5

□=A糸
■=B糸

4
2
1

1模様
No.19（25回くり返す）
No.7（19回くり返す）

2
1
作り目 **No.19**（336目）
No.7（140目）

30　28　25　20　15　10　5　1

1模様
No.19（12回くり返す）
No.7（5回くり返す）

No.7

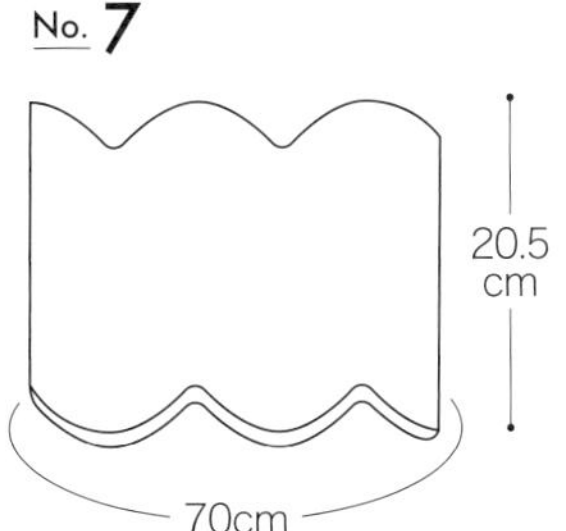

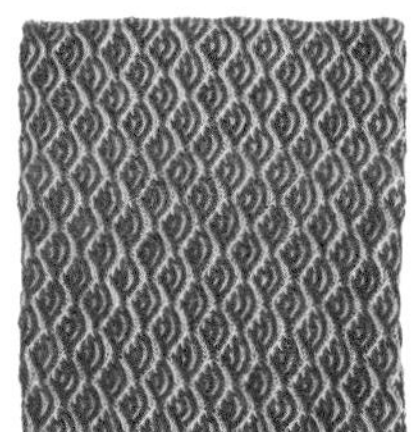

No. 20 Sea wave／波柄スヌード

P.86

[糸] ショッペル Zauberwolle, Admiral 6
A:赤(1874) 120g、B:アイボリー(980)120g

[針] 輪針３号、とじ針

[ゲージ] 模様編み22目×52.5段＝10cm

[仕上りサイズ] 図参照

[作り方]

①A糸で作り目160目を作り、B糸と交互に増し目と減らし目をしながら編み図のとおりに、210段編む。

②編み終わりは、とじ針を使って１目ゴム編み止めにする。

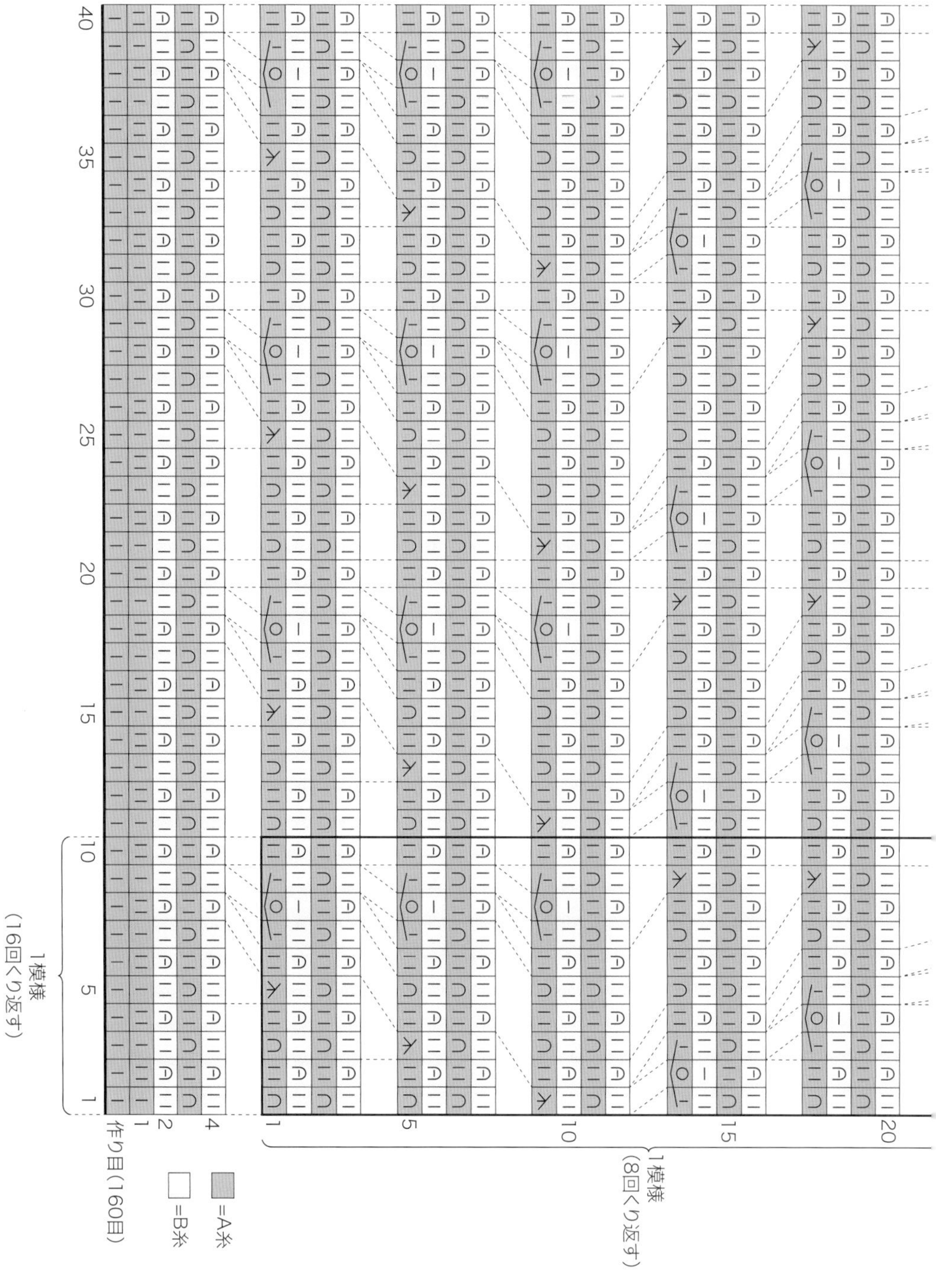

1模様（16回くり返す）

段：1 5 10 15 20 25 30 35 40

作り目（160目）

目：1 2 4 ／ 1 5 10 15 20

1模様（8回くり返す）

■＝A糸
□＝B糸

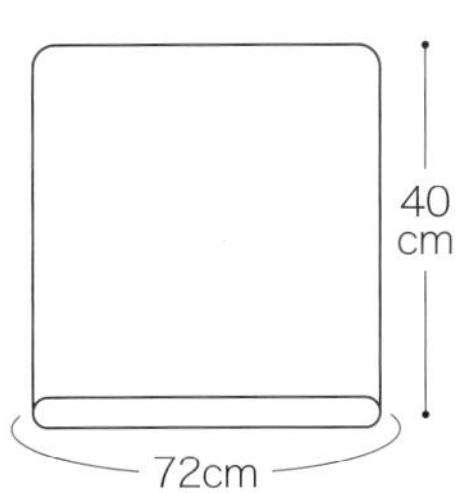

図省略

24 25 30 35 190 192 1 5 10 14

No. 21 Leaf／リーフ柄ヘアバンド

P.88

[糸] リッチモア　パーセント
A:アイボリー（3）30g、B:赤茶（7）30g
[針] 輪針５号、とじ針
[ゲージ] 模様編み23目×42段＝10cm
[仕上りサイズ] 図参照

[作り方]
①A糸で作り目120目を作り、B糸と交互に増し目と減らし目をしながら編み図のとおりに、52段編む。
②編み終わりは、とじ針を使って1目ゴム編み止めにする。

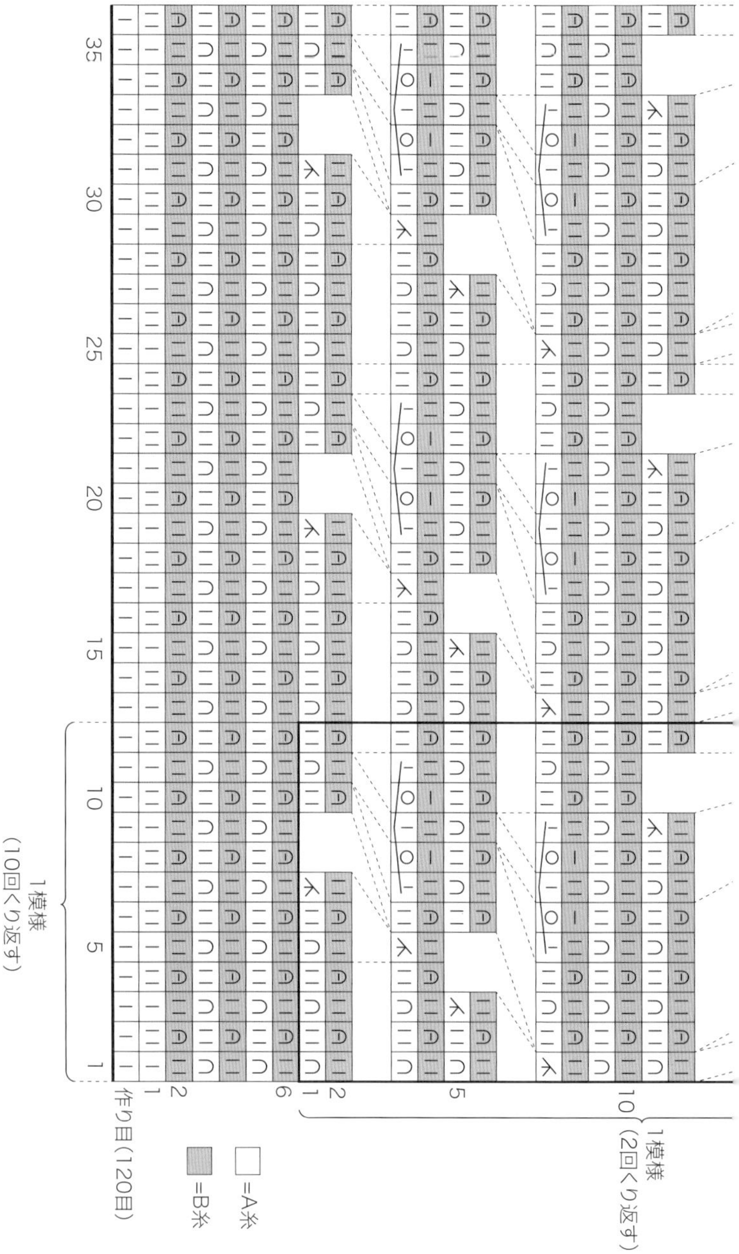

1模様（10回くり返す）
作り目（120目）
1模様（2回くり返す）
□＝A糸
■＝B糸

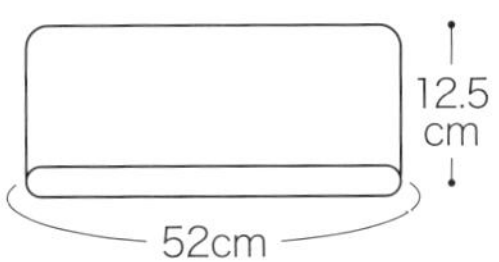

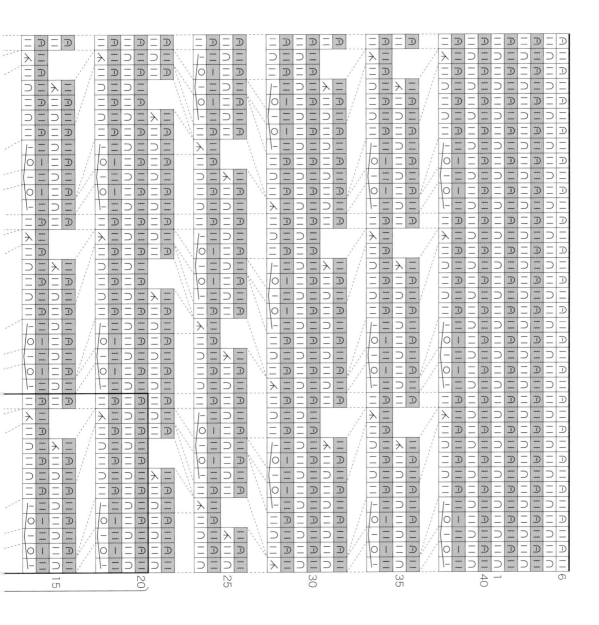

15 20 25 30 35 40 1 6

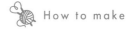

No.22 Wallclock／時計

P.92

[糸] ショッペル　Life Style
A:グレー(8911)50g、
B:黄(6860)50g
[針] 輪針５号、短５本針、とじ針
[その他] 時計用ムーブメント、段ボールなどの厚紙 直径27cm×１枚
[ゲージ] 模様編み23目×38段＝10cm
[仕上りサイズ] 図参照

[作り方]

①短い棒針を使ってＡ糸で作り目12目を作り、Ｂ糸と交互に増し目をしながら55段編む。以降はＢ糸で減らし目をしながら１目ゴム編みを10段編む。
※30段目前後で輪針に移します。

②編み終わりは、編みながら伏せ止めにする。

③〈時計用ムーブメントの取り付け方〉を参照し、厚紙に本体をかぶせ、ムーブメントを取り付ける。

3

2

1

作り目（12目）

1 2 3

1 2 10 15

▒=A糸　□=B糸

〈時計用ムーブメントの取り付け方〉

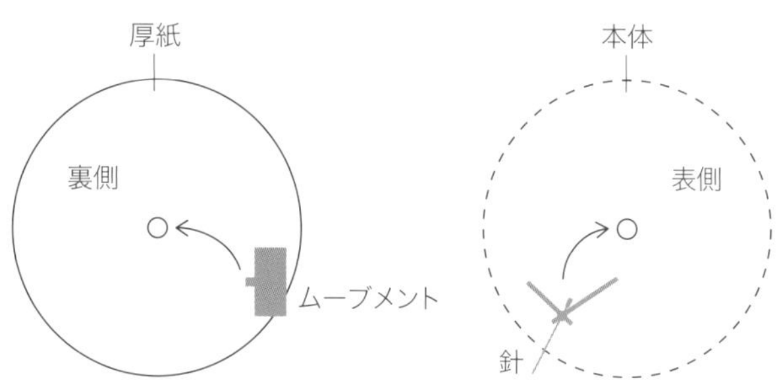

①厚紙を直径27cm程度にカットし、キリなどで真ん中に穴をあけ、ムーブメントを差し込む。

②厚紙の表側から本体をかぶせ、針を差し込み、ムーブメントと組み合わせる。
※メーカーによって異なる場合があるので、説明書をご覧ください。

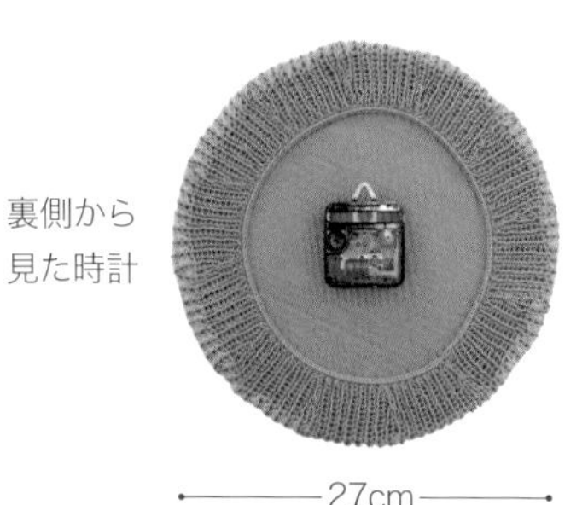

裏側から見た時計

27cm

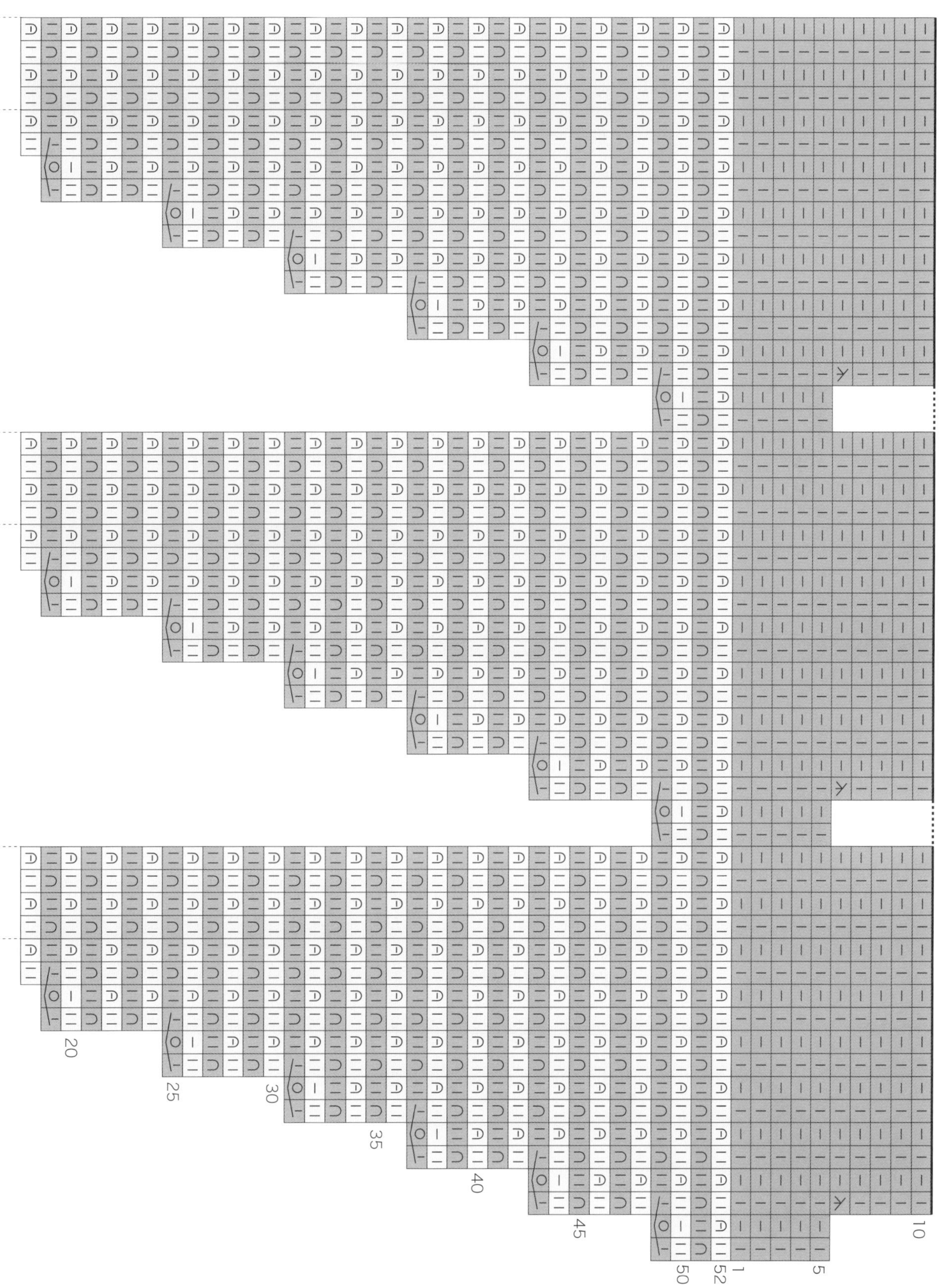
20
25
30
35
40
45
50
52
1
5
10

No. 23 Candy cushion ／キャンディ型クッション

P.93

[糸] リッチモア　パーセント　A:紺(28)80g、B:薄緑(36)80g、C:水色(40)40g
[針] 輪針5号、とじ針
[その他] 長さ40×円周50cmの円形クッション、幅5mmのカラー紐(紺)1m×2本
[ゲージ] 模様編み16目×43段＝10cm
[仕上りサイズ] 図参照

[作り方]
①A糸で作り目74目を作り、配色しながら編み図のとおりに、342段編む。
②編み終わりは、編みながら伏せ止めにする。
③クッションを入れ、左右15cmのところを紐で結ぶ。

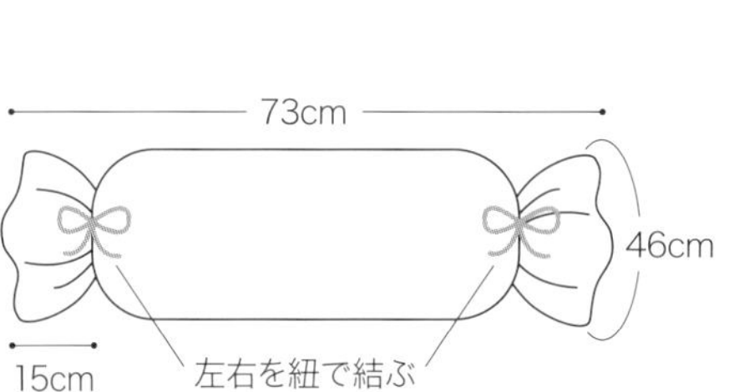

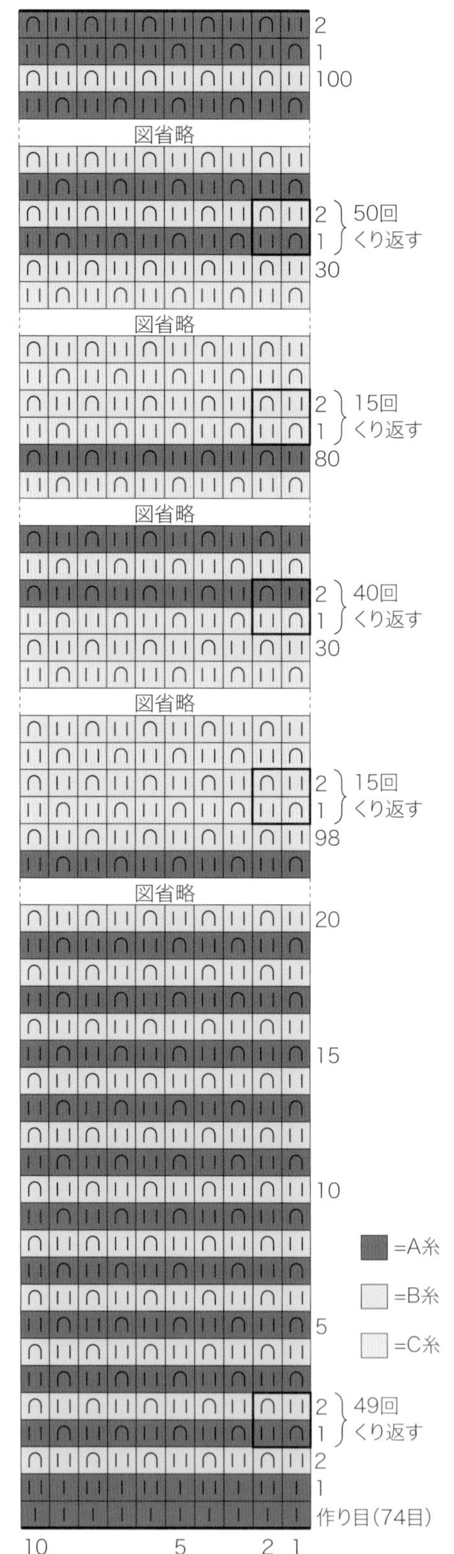

No. 24 Flare cape／フレアケープ

P.94

[糸] ヤナギヤーン　Bloom　A:紺(13)90g、
B:レンガ色(18)90g
[針] 輪針５号、とじ針
[ゲージ] 模様編み16目×44段＝10cm
[仕上りサイズ] 図参照

[作り方]
①Ａ糸で作り目120目を作り、Ｂ糸と交互に編み図のとおりに、130段目まで編む。続けて増し目をしながら編み図のとおりに、24段編む。
②編み終わりは、とじ針を使って１目ゴム編み止めにする。

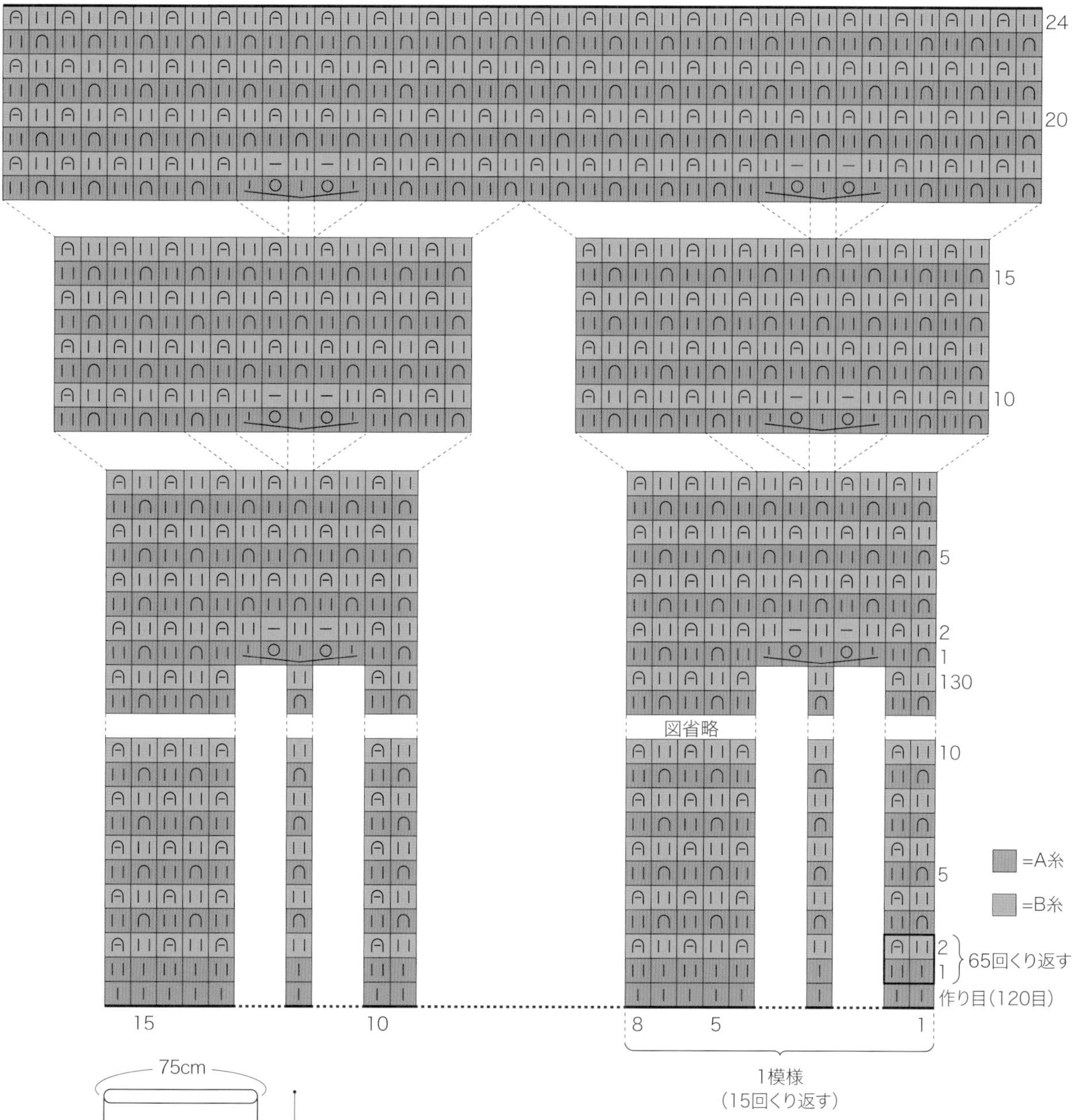

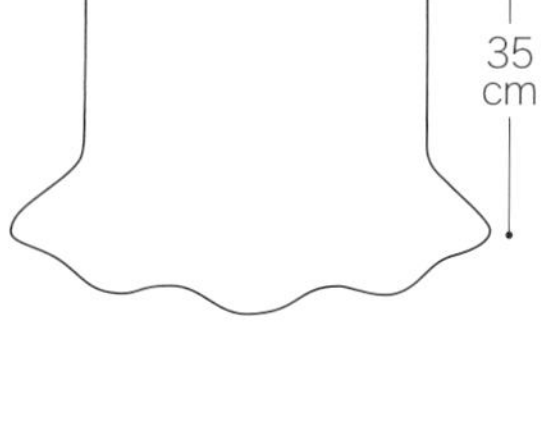

Bernd Kestler

ベルンド・ケストラー

ドイツ出身のニットデザイナー。12歳から独学で編み物を始める。1998年の来日以来、全国各地の編み物教室の講師をつとめたり、東日本震災時には被災地で寒い思いをする方々に向けた“ Knit for Japan” のプロジェクトを立ち上げるなど、編み物を通した社会活動に取り組んでいる。バイク好きで、編み物道具とともに出かけるのが日課。著書は『ベルンド・ケストラーのスパイラルソックス』(世界文化社)、『ベルンド・ケストラーの表編みと裏編みだけの模様編み120』(日本文芸社)他多数。

http://berndkestler.com

編集	武智美恵	撮影	島根道昌
デザイン	伊藤智代美　飯淵典子	モデル	鈴木亜希子　ベルンド・ケストラー
トレース・制作協力	ミドリノクマ	ヘアメイク	黒須和恵(U-say)
作品製作	後藤敬子　柳みゆき		

素材提供　ハマナカ株式会社 http://www.hamanaka.co.jp　TEL 075-463-5151(代)
株式会社柳屋 http://www.yanagi-ya.jp　TEL 058-201-4444(代)

内容に関するお問い合わせは 小社ウェブサイトお問い合わせフォームまでお願いいたします。
ウェブサイト https://www.nihonbungeisha.co.jp/

ベルンド・ケストラーの
いちばんわかりやすい
ブリオッシュ編(あ)み

2021年11月1日　第1刷発行
2023年11月10日　第4刷発行

著者　ベルンド・ケストラー
発行者　吉田芳史
印刷所　株式会社 光邦
製本所　株式会社 光邦
発行所　株式会社 日本文芸社
〒100-0003 東京都千代田区一ツ橋 1-1-1 パレスサイドビル8F
TEL 03-5224-6460(代表)
URL https://www.nihonbungeisha.co.jp/
(編集担当 牧野)

Printed in Japan 112211014-112231027 Ⓝ 04(201090)
ISBN978-4-537-21934-0